JN221300

生成AIの脅威

情報偏食でゆがむ認知

読売新聞
「情報偏食」取材班

中央公論新社

はじめに

あなたはネットでどんな情報を探しているだろうか。ダイエット効果をうたう健康食品？　それとも社会を震撼させた事件の続き？　スマホで検索すれば、複雑な国際情勢だって詳しく調べることができる。ちょっと危ないあのことだって……。

人生の時間は限られている。だからタイパ（時間対効果）を高めてくれるスマホは、もはや片時も手放すことができない道具になった。しかし弊害も明らかになっている。「フィルターバブル」という言葉を聞いたことはあるだろうか。スマホで「おすすめ」される情報ばかりを見ているうちに、あなたは異なる意見から隔離され、自分が求める心地よい情報に取り囲まれていく。まるで「バブル（泡）」に包まれているかのように。その結果、思考がどんどん偏っていく。

SNSでは「エコーチェンバー」と呼ばれる現象も起きる。チェンバーとは英語で「小部屋」という意味だ。同じ意見の人とだけやり取りを続けるうちに、思考が極端化していく。フィルターバブルとエコーチェンバーは、互いに共鳴しながら、利用者の心をゆがませていく。

背景には、過激な情報で関心を引くことで経済的利益を得る「アテンション・エコノミー」という経済モデルの存在がある。ＳＮＳを運営するプラットフォーム（ＰＦ）事業者は、利用者に情報を閲覧させ、広告を見せることで収益を得ている。だから、それぞれの閲覧履歴から好みの情報を計算し、「おすすめ」することで、もっと閲覧数を増やそうとする。

アテンション・エコノミーを「悪」と決めつけることはできない。情報の摂取を食事に例えてみる。ジャンクフードばかり食べ続ければ、やがて肥満に悩まされるだろう。もちろん、本人がそれでも食べたいと思うのならば、その自由は尊重されるべきだ。でも、ジャンクフードが肥満につながることを知らないとしたら、そのことを伝えるべきだし、健康的な暮らしを送るためには、栄養バランスが取れた食事を取った方が良いはずだ。

食品には、原材料や栄養成分、製造者が表示されているのに、ネット上の情報は発信者が不明のケースが多い。スマホに「おすすめ」情報を表示させるＰＦのアルゴリズム（計算方法）も公開されていない。つまり私たちは、自分たちが摂取している情報の成分を十分に把握できていない。そのことが問題なのだ。誤情報を吐き出す生成ＡＩ（人工知能）の普及はその状況に拍車を掛ける。

本書は、２０２３年２月１日から24年３月29日まで読売新聞に掲載した連載企画「情報

偏食　ゆがむ認知」をベースに、最新の情報を加筆したものである。ＳＮＳで誰もが発信者となる「情報過多」となった時代、私たちの社会では様々なひずみが起きている。ネット上の情報を無防備に見続けた結果、自分は醜いと思い込み、整形手術を繰り返す女性がいる。一方で、人々のアテンション（関心）を金に換えるために、過激な偽動画を投稿するユーチューバーがいる。

問題は個人の内面にとどまらない。エコーチェンバーとフィルターバブルによって人々の心が分断されれば、社会はゆがんでいく。生成ＡＩによる偽動画像は、選挙に影響を与え、民主主義を危機に陥れる。本書はこうした状況を広く知ってもらいたいと願って企画した。

取材を進めるうえで、「情報的健康」を提言する慶應義塾大学の山本龍彦教授（憲法学）と東京大学の鳥海不二夫教授（計算社会科学）、国際大学の山口真一准教授（計量経済学）をはじめ、多くの方々に協力をいただいた。本書がデジタル空間の健全化と、読者の情報的健康に少しでも貢献できたら幸いである。

２０２５年２月

読売新聞「情報偏食」取材班

目次

第2章 揺れる教育現場

第5章 求められる規範

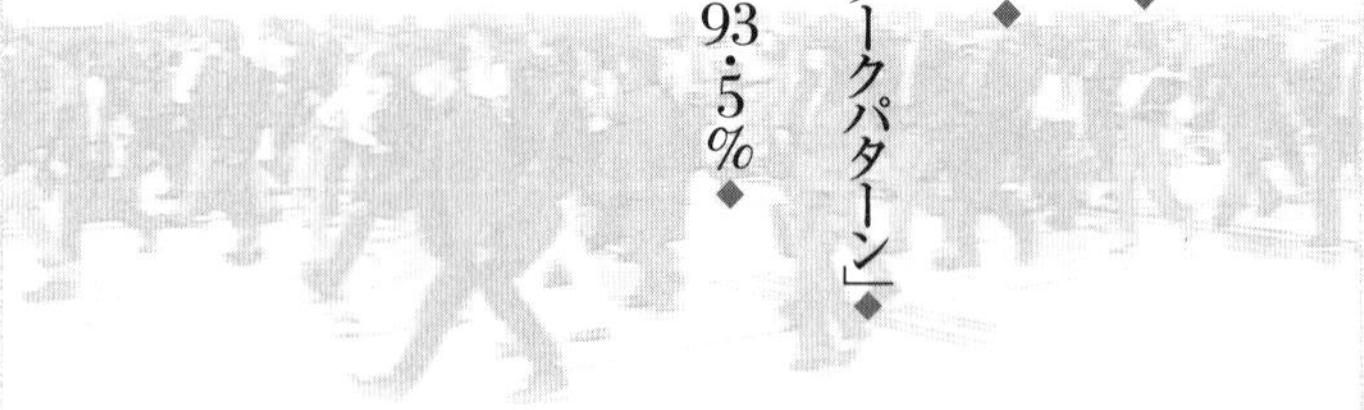

生成ＡＩの脅威——情報偏食でゆがむ認知

※登場人物の年齢や肩書、組織名などは原則として新聞掲載時のままとしました。

第1章

身近に潜むリスク

スマートフォンのアプリで
自分の顔写真を加工する女性。
理想に近付くため、次の手術の構想を練る

「激やせ」検索　壊れた心身

首都圏の大学２年の女子学生（20）は、過食や拒食を繰り返し、心身が病んでいく摂食障害を患っていた。多くの若者が抱く「きれいになりたい」との願望が膨らんだ末、救いを求めたＳＮＳ。そこで輝いていた〝成功者たち〟の姿を見て、思い詰めていった。

高校１年の秋、文化祭で見た上級生たちに目を奪われた。制服のスカート丈を短くし、おそろいのクラスＴシャツを着て模擬店を回る彼女たちは脚もウエストも細く、その姿は堂々としていた。

女子学生は身長約１メートル60センチ。少しふっくらした体形を自覚していた。中学生の頃は、そんな自分に自信が持てず、友達が多い方ではなかったという。「ちょっと太っているんじゃないか」。父や兄の軽口に傷ついていた。

スマートフォンで検索サイトに「ダイエット」「激やせ」と打ち込むと、おびただしい数のページが出てきた。動画を一つ見ると、次々に「おすすめ」される別の動画へ目が移った。

サイトを運営するプラットフォーム（ＰＦ）事業者が、検索履歴などを基にアテンション（関心）を引こうと表示する無数のページや動画。女子学生は、そこで見たカロリーの低い食事を試した。体重は1か月で3キロほど落ち、周りから褒めそやされた。「体重が減った分だけ認められるんだ」。それからの女子学生は、しらたきや鶏の胸肉など低カロリーの食品ばかりを口にし、1日に10回以上、体重計に乗った。100グラムでも重くなるのが、怖かった。

半年で体重は20キロ減り、50キロを切った。自信を持っていいはずなのに、外出すると人目が気になり、「誰にも会いたくない」と思うことが多くなった。好きだった漫画やアニメを見ても面白くない。だが、スマホだけは手放せず、まだ試していないダイエットの方法はないか、サイトを探し続けた。

春休みが明けてまもなく、学校に行けなくなった。異変に気付いた母に連れられて行った病院で、医師から精神疾患の一つである摂食障害と診断された。

家にこもりがちになった女子学生が始めたのが、ツイッター（現X）だった。そこには、同じ摂食障害に悩む〝仲間〟が大勢いた。一人をフォローすると、次々に仲間が「おすすめ」され、200人ほどのアカウントとつながった。

「つらい」とつぶやくと、共感の返事がすぐに届く。あばら骨が浮き出るくらいに痩せた自分の写真を載せる人も大勢いた。見続けているうち、「私もそうならなきゃ」と刷り込まれていった。

ときどき登校しても授業についていけず、夏休み明けに転校した。休み時間になると、スマホを持ってトイレの個室や空き教室を探し、頻繁に更新される仲間の投稿をチェック。食べた分だけ吐き、体重が増えないようにしている人がいることを知った。自分もやってみようと思った。

家で一人になれる時を見計らい、菓子パンやポテトチップスをむさぼるように平らげてみた。そして、すぐにトイレに駆け込み、無理やり吐き出した。拒食と過食を交互に繰り返すようになった。

秋には体重が38キロにまで落ちたが、ツイッターで見た「あばら骨」の彼女になれない。そんな自分にいらだった。「もう疲れた」。大学受験直前の高校3年の冬、アカウントを閉じた。

「SNSを見続けるうちに『痩せることが全て』と思い込んでしまった。自分には向いていなかった」。女子学生は、精神科への通院をつづけている。

厚生労働省によると、国内で摂食障害を患う人は2019年度末時点で約24万5000人。多くは10〜20歳代の若い女性だ。東京大学の笠井清登《きよと》教授（精神医学）らが19年に公表した研究結果では、調査対象にした10歳女児約2000人の23％が「痩せたい」と答えた。ネット利用の目的についての回答と合わせて分析すると、SNSを目的にネットを利用する子の方が、そうでない子よりも痩せたいという願望を抱く確率が高かった。

笠井教授は「SNSの利用で押し寄せる似た情報にさらされ続けると、考え方にバイアス（偏り）が生じる。無意識のうちに他人と比較しがちになり、判断や行動に影響が及ぶということを知った上で接する必要がある」と指摘する。

理想は虚像

「どこを変えれば、もっとかわいくなれるかな」。東京都内に住む飲食店従業員の女性（26）は月に数回、二つのアプリを使って自分の顔写真を「加工」している。顎を細くしたり、両目の間を離したり。美容外科手術を10回以上繰り返してきた女性は加工後の自分の顔を見て、次の手術のプランを練る。

大学に入学してすぐ、メイクの方法をツイッターで調べていると、美容手術を受けた人たちの投稿が次々に上がってきた。「全然痛くなかったよ」。そんな書き込みとともにアップされた顔の写真は、手術前とは見違えていた。

2年の時にまず、まぶたを二重にした。夜の飲食店でアルバイトをして稼ぎ、気になるところに手当たり次第に手を入れたが、憧れた女性たちと骨格が違い、同じになれないと悟った。それからは、加工した自分の顔が「理想」になった。

それが虚像だと、わかってはいる。でも、ツイッターに加工済みの写真を上げると、何千件もの「いいね」が付く。「本当の自分じゃないのに……」。むなしくなるが、次の手術のことを考えずにはいられない。

はびこる「案件」

「無料で施術するので技術力をＰＲしてほしい」「あなたの投稿を見て予約が入ったら１件５０００円の報酬を支払う」。美容関連の情報を発信するインフルエンサーの勝山真帆さん（30）には、こんなメッセージが頻繁に届く。

美容手術を手がけるクリニックなどからの依頼だ。勝山さんたちインフルエンサーは「案件」と呼び、宣伝であることを明示せずに発信する人もいる。勝山さんのツイッターのフォロワーは約４万人。依頼に応えれば、それなりの収入になるだろうが、無視することに決めている。目や鼻の手術を繰り返してきた経験から、望んだ通りにならないこともあると知っているからだ。

自分が容姿に悩んでいた高校生の頃と、今の若い世代を取り巻く情報環境は異なる。「ネット上の情報は膨大で、広告も多い。すぐに飛びつかず、疑ってかかることが自分を守ることになる」と勝山さんは訴える。

国際美容外科学会の調査によると、日本で２０２１年に施術された美容医療は約１７５万件。５年前の１・５倍に増えている。米国、ブラジルに次いで世界で３番目に多く、外科手術は約27万件あった。

東京未来大学の大村美菜子講師（臨床心理学）は「美容手術で前向きになれるのであればいいが、ＳＮＳなどを見て他人の評価を軸にすると、欲求が際限なく高まる」と警鐘を鳴らす。

「いいね＝正しい」脳のくせ

ＳＮＳでは、目新しく意外性のある新奇性の高い情報や口コミ、体験談などの情報が注目されやすい。いったん見ると類似の情報が次から次へと現れ、自分の関心のある情報ばかりに包まれる「フィルターバブル」が形成される。

認知心理学の世界では、人は繰り返し見聞きする情報を「正しい」「好ましい」と感じる「単純接触効果」という作用が知られる。ツイッターの投稿を引用するリツイートの数や「いいね」の数が多いと情報の信用度が高いと感じるようになる。さらに、何らかの判断や意思決定をする際、直前に目にするなどした思い出しやすい情報を基に、決断してしまう傾向がある。

「脳のくせ」とも言われるこうした心理作用について、京都大学の後藤幸織《ゆきおり》准教授（神経科学）は「美容手術などを繰り返すのは、アルコール依存症などと同じ構図かもしれない」と話す。

依存症に関係すると考えられているのが、報酬を得たときに脳内で神経伝達物質のドーパミンを分泌し、快楽をもたらす「報酬系」と呼ばれる神経回路だ。うれしいとき以外に、不安や恐怖が薄れたときにもドーパミン量が高まりやすいという報告もある。「手術したら不安が晴れた」という経験などを通じて脳が偏った学習を重ね、次第にやめられなくなることは、このメカニズムと関係している。

東京工業大学（現東京科学大学）の笹原和俊准教授（計算社会科学）は「SNSは、人を連鎖的に依存や中毒に陥らせる危険な性質を持っている。社会経験が少なく自己形成が途上な若者は特に歯止めがきかず、落とし穴にはまりやすい可能性がある」と指摘する。

ゲーム依存で入院3か月

海沿いの高台に立つ神奈川県横須賀市の久里浜医療センター。2023年3月下旬、春から大学生となり、東京で寮生活を始める長野県内の男子高校生（18）が、父親（61）、母親（58）と一緒に樋口進名誉院長と向き合った。「大学に行っても、しっかり自分をコントロールできるかい？」。高校生は背筋を伸ばして、「はい」と答えた。

センターは、インターネットやゲーム依存の治療を全国に先駆けて始めたことで知られる。男子高校生がはまったのはオンラインのゲームだった。一番のめりこんでいた中学2年の頃は学校に行かず、朝から晩までパジャマ姿のままプレーし続けた。両親に連れられて3か月間入院し、その後も月に1回の通院を続けてきた。

「1日でいいからゲームをやめようよ」。母親の懇願に、男子高校生も「やめないと」と思ってはいた。

だが、ゲームは頻繁にアップデート（更新）される。彼が好きなゲームは3か月に1度、新しいステージやキャラクター、アイテムが増えた。プレーヤーが飽きてきた頃合いを見計らうように、細かい仕様の変更もあった。その度に、画面上に通知が出る。プレーヤー

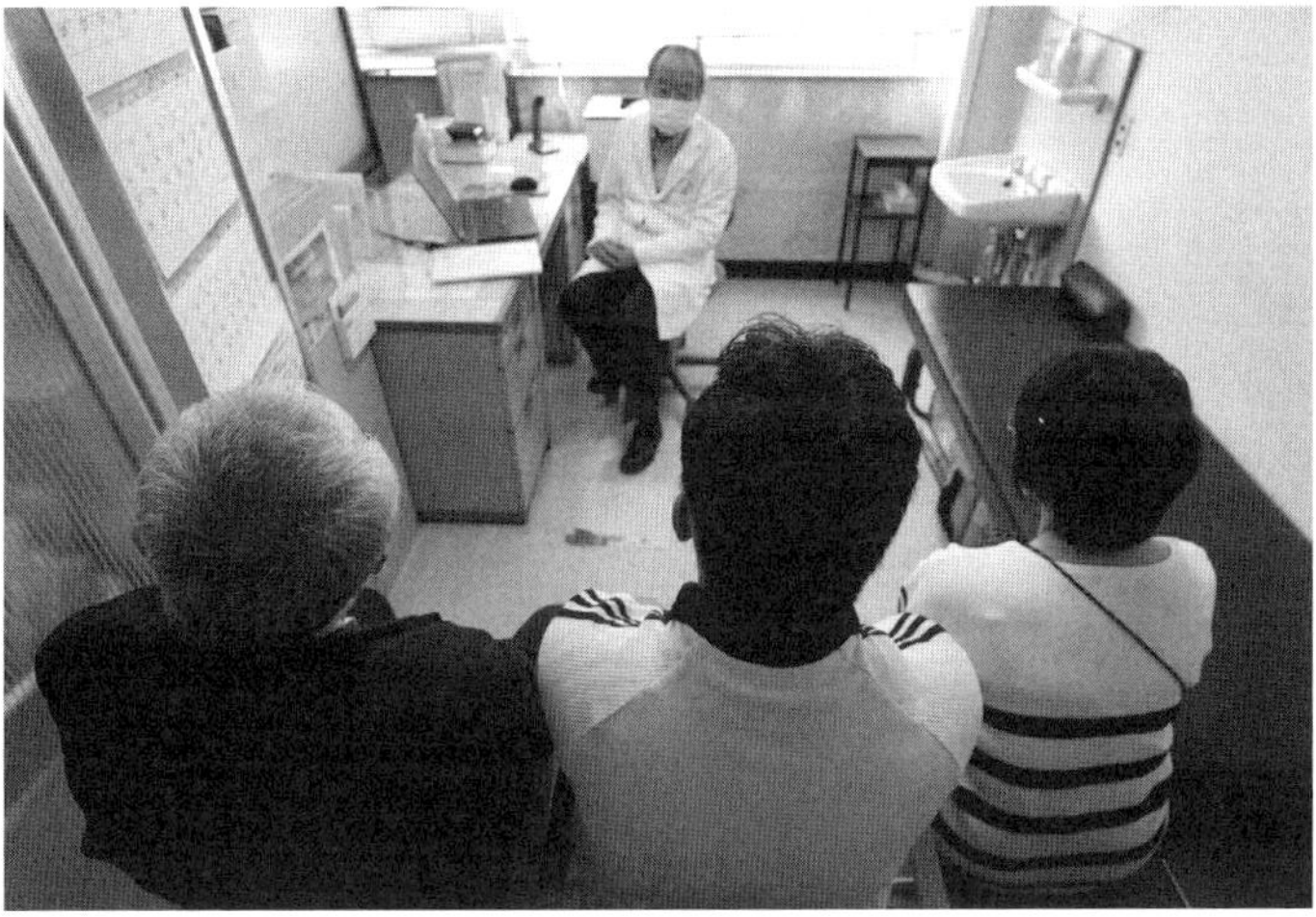
久里浜医療センターで樋口名誉院長の診察を受ける男子高校生と両親

のアテンションを誘う仕掛けだ。「終わりがなく、抜け出せなかった」と男子高校生は話す。

厚生労働省研究班が17年度に行った調査によると、ゲームを含むネット依存が疑われる中高生は推計約93万人。12年度の約52万人から大きく増えた。

男子高校生が中学2年の頃。彼は朝食もそこそこにテレビの前に座り、ゲーム機の電源を入れるのが日課だった。すぐに「招待されました」とのポップアップが画面に浮かぶ。オンラインでつながった〝友達〟が待っていたのだ。

幼い頃、すぐに泣く自分が嫌で、感情を表に出さなくなった。ゲームに夢中になったのは、小学5年の時。クラスになじめず、家でプレーするゲームで高得点を出すことに喜びを見つけた。布団の中でもゲーム機を離せず、学校を休みがちになった。

中学1年でオンラインの〝友達〟ができた。建物の中や市街地を舞台に5対5で戦うゲームで、チームを組んだ仲間たち。自分のプレーが決定打となってチームが勝つと、ヘッドホンから「すげー！」「マジかよ」と称賛の声が聞こえてくる。「自分に自信がなくて、ずっと死にたいと思っていた」という男子高校生は、居場所を見つけたと感じた。

自分を認めてくれる〝友達〟が待っていると思うと、学校に行けなくなった。「もっと褒められたい」と、ひそかに練習もした。ゲームの世界では、みんなが「上達する」「勝つ」ことだけを追い求めていた。

頻繁にあるアップデートからも目が離せなかった。

朝7時から両親の手でネットが切られる夜9時までの14時間、ほとんど飲まず食わずで過ごした。トイレに行く時間さえ惜しかった。中学2年の冬、久里浜医療センターに入院するまで、ゲーム漬けの毎日が続いた。

インターネットとスマートフォンの普及で、新しいオンラインゲームが毎日のように登場する現代。開発会社は、ユーザーの奪い合いにしのぎを削る。ある開発会社の男性社員は、アップデートで増えるユーザー数などのデータを同時進行で集めて分析していると明かし、「はまりすぎて依存状態になる人の存在も頭の中にはあるが、関心を引いてユーザーを集めることは欠かせない」と話す。

投げ銭600万円

久里浜医療センターには、ゲームやネット依存の子を持つ親たちが月に1度集まる。2023年3月上旬の会で50歳代の女性は、大学生の娘（20）がクレジットカードを何枚も作り、使い込んでいたことを報告した。

娘が熱を入れていたのはライブ配信アプリだ。「ライバー」と呼ばれる配信者に、アプリ経由での送金を意味する「投げ銭」をすると、配信を見ている全員の前で名前を呼ばれ、「ありがとう」と言われる。投じた金額は一覧になって表示され、競争を招きやすい仕掛けになっている。娘がカードで決済した投げ銭の金額は、5か月で約600万円に上った。

「返済のために老後の資金にも手を付けた。家庭は崩壊寸前だ」と女性はうなだれる。

21年にセンターの依存外来を受診したのは延べ2600人。6割が19歳以下で、10歳未満も延べ27人いた。樋口進名誉院長は「低年齢の子どもは問題を自覚しにくく治療も難しくなる。ネットやゲームには、のめり込ませる仕掛けが随所にあり、誰もが依存に陥る危険がある」と訴える。

世界保健機関（ＷＨＯ）は、日常生活に深刻な影響が出るゲーム依存症を、ギャンブル依存症などと同じ精神疾患と位置づけている。

オンラインゲームは、やればやるほど上達し、高得点や課金によるアイテム獲得という快感を次から次へと得られる。チャットを通じて人間関係が形成されることも珍しくなく、自分のプレーを称賛してくれる仲間ができれば「承認欲求」も満たしてくれる。

ゲーム依存による脳への影響は、まだ明確に解き明かされてはいないが、高度な判断力にかかわる脳の前頭前野の働きが低下するとの報告もある。スマホやタブレット端末を子どもから大人までが誰もが持つ現況下で、獨協医科大学の今高城治准教授（小児科学）は「新たな生活習慣病として、国は治療法の研究など本格的な対策に乗り出すべきだ」と訴える。

大量の薬「いいね」次々と

２０１９年夏の夜のことだった。栃木県に住む大学3年の女子学生（20）は、自分の部屋で机の引き出しを開け、ドラッグストアで買った風邪薬の瓶を取り出した。

当時、高校2年。2日後の文化祭で、得意のギターを披露することになっていたが、その日が近づくにつれ、「失敗したらどうしよう」という思いばかりが募った。震える手で開けた薬瓶のふたに5錠を入れ一気に口に放り込み、紙パックのレモンティーで流し込む。それを10回繰り返したところで、机の上のスマートフォンを手に取った。

〈またしちゃった〉〈消えたい〉。そうツイッターに投稿すると、「いいね」のハートマークが次々についた。女子学生にとって「いいね」は、自分の存在価値を認めてくれる承認の証し。スマホの画面を指で何度もスクロールして取りつかれたように更新を続け、新しい「いいね」がつくのを待った。

2時間ほどたつと、薬の影響で意識がぼんやりし始めた。「雲の上にいるような、ふわふわした感覚」だった。嫌なことを忘れ、不安がどんどんかき消されて行く——。

だが、その翌朝は、激しい吐き気に襲われる。ふらふらになって行った学校のトイレで動けなくなった。「このまま死ぬのかな」。教室に戻ってこないことを心配した同級生らが気付き、病院に運ばれて事なきを得た。

高校に入学する頃は無縁だった市販薬のオーバードーズ（過剰摂取）。「いいね」を求めるあまり、いつの間にかエスカレートしていた。

女子学生は、小学生の頃から成績が良かった。中学3年の時は、生徒会の副会長も務める優等生だった。ただ、クラスをまとめ切れず、ひそかに思い詰めていた。悩みを明かせる人はおらず、すがったのが、自分のツイッターを見てくれるフォロワーたちだった。「嫌なことを忘れられるよ」。ツイッターにのめり込むうち、見知らぬ人の投稿に目がとまった。オーバードーズの体験談だった。クリックすると、過剰摂取を勧めるかのように、同じような投稿がずらりと並んだ。

高校1年だった18年の冬、初めて自分もやってみた。県内有数の進学校に入学できたが、成績優秀な同級生たちと比べて劣等感を抱き、なじめなかった。「もうなにもかも忘れたい」。自分が嫌になり、気が付けばドラッグストアで薬を買っていた。ツイッターで報告すると、「いいね」のハートマークが付いた。「自分の存在価値が認められた」。そう思った。

年が明けると、承認欲求はどんどん膨らんでいった。ツイッター上には、自分よりたくさんの薬を飲んでいる仲間がいて、その人の方が「いいね」の数も多い。「もっと私のことを心配してほしい」。オーバードーズのペースが上がり、高校2年になる19年春頃には毎日のように薬を飲むまでになっていた。

立ち直りのきっかけをつかめたのは20年2月だ。居場所作りに取り組む県内の団体を訪ね、同じように学校に息苦しさを感じる若者らに出会った。食事に誘ってくれるなど気遣ってくれた。ネットの「いいね」より気持ちが安らいだ。

「ネット空間で、あの頃の私は自分を見失っていた」。大学入学を機にツイッターをやめた彼女は、今、そう思っている。

「抜け出すことは難しい」

千葉県市原市に住む女性(24)は2022年末、風邪薬を100錠近く飲んで救急車で運ばれた。

その頃、当時の夫と離婚を巡りトラブルになっていた。精神的に追い詰められ、「もう死んでも構わない」と、風邪薬の瓶のキャップをひねった。10錠、そしてまた10錠と手のひらに載せ、ジュースで一気に飲み込んでいく。次第にろれつが回らなくなり、記憶が飛んだ。

目が覚めると、そこは病院だった。胃を洗浄する治療を受け、激しい吐き気に襲われた。

市販薬を大量に摂取するのは初めてではなかった。家庭環境や友人との関係に悩んでいた高校2年の終わり頃、ツイッターでこんな投稿を見つけた。

〈嫌なことを忘れられる〉〈フワフワして気持ちよくなる〉

そんな情報を目にし、大量の錠剤を飲み込んだ。「つらい日常生活から逃避できるかも」と思い、その後も何回か同様の行為をした。

女性は現在、依存から脱却したいと強く願い、精神科に通って治療中だ。「あんなに苦しい思いはもうしたくない……。でも一度手を出すと、抜け出すことは難しい」と打ち明ける。

さいたま市の湯浅静香さん（43）は、かつて自分自身が市販薬に依存していた体験を踏まえ、悩みを抱える若者や家族のサポートをしている。21年夏から自宅に専用の一室を設け、月20件以上の相談が寄せられる。大半が中高生の子どもを持つ親からだ。

問題に気が付いていても、世間の目や進路への影響を気にし、通院治療に踏み切るケースは少ないと感じている。「過剰摂取に走るのは『助けて』というサイン。家族で話し合って医療機関を受診したり、悩みを軽減したりする支援に頼ってほしい」と語る。

自分が引き込む側に

神奈川県で暮らしていた当時中学3年の女子生徒（14）は2021年春、猛勉強の末、難関の私立中に入学した。だが、授業についていけず、親に叱られたことをきっかけに、その年の５月頃からオーバードーズをするようになった。小学４年の頃から見ていた小説の投稿サイトに、「夢を見ているみたい」とオーバードーズを称賛するような内容がいくつもあり、「おすすめ」されるまま読んでいるうちに「格好いい」と思うようになっていた。

女子生徒自身も、オーバードーズの体験を小説にしてサイトに投稿した。気分が高揚した時だけでなく、その反動で激しい吐き気に襲われた時のことも詳しく書けば書くほど、「いいね」のハートマークが増えた。うれしくなって、「『いいね』が２０００件ついたら、次の投稿をする」という予告までした。

21年冬、異変に気付いた母親に連れられて病院に行き、精神的な治療が必要と診断された。通院や専門家のカウンセリングを経て１年前に依存状態を脱した。自分の体験をつづった小説は全て消した。

「私の小説を読んで、まねする人が出てきちゃいけない」と女子生徒は振り返る。「おすすめ」の波にのまれた自分が、逆に引き込む側に回っていたかもしれないと気がつき、今は後悔している。

死に至る危険

オーバードーズは急性薬物中毒により意識障害に陥ることもある危険な行為だ。にもかかわらず、若者たちが過剰摂取などをSNS上で報告しあう要因の一つには、自分が価値ある存在として皆から認められたいと願う「承認欲求」がある。国立精神・神経医療研究センター（東京）の松本俊彦薬物依存研究部部長は「SNS上での承認を求めて、飲んだ薬の多さやつらさを競い合うような現象が起きている」と指摘する。

同センターが２０２１年度、高校生約４万４０００人を対象に薬物使用の実態を聞いた調査で、過去１年間に市販薬を乱用目的で使用したと答えたのは６５６人に上った。高校生全体に当てはめると、約60人に１人いると推計。30人学級だと２クラスに１人いる割合だ。

厚生労働省の研究班は21年５月～22年12月、埼玉医科大学など全国７つの医療機関で、市販薬を過剰摂取して救急搬送された計１２２人を対象に実施した初の疫学調査の結果を23年に公表した。搬送者のうち59・８％が吐き気や嘔吐《おうと》、腹痛などの症状があり、44・３％に意識障害などの中枢神経症状が見られた。92・６％が入院し、56・６％が集中治療室で治療を受けた。

性別は男性25人、女性97人。年代別では、20歳代（50人）と、10歳代（43人）が全体の約8割を占めた。平均年齢は25・8歳で、最年少は12歳。市販薬に関する情報入手の手段は、インターネット検索が49件と最も多かった。

研究班の代表で、埼玉医科大学の上條吉人臨床中毒センター長は「覚醒剤などの薬物と異なり、違法ではないことから、安易に始める若者が多い。コロナ禍でリアルな対人関係が薄れる中で、ネットを見ているうちにオーバードーズを知り、手を出した人が多いようだ」と話す。

実際、オーバードーズはネットが拡散した「新しい病」と言える。

国立精神・神経医療研究センターが薬物依存で治療を受けた10歳代の患者が使用した主な薬物を調べたところ、２０１４年まで市販薬を使用するケースはなかったが、22年は65・2％に増えた。

厚労省も対策を強化している。従来は、乱用の恐れが指摘される「コデイン」や「エフェドリン」など6成分を含む医薬品のうち、販売を制限していたのは一部だった。しかし、23年4月からは、6成分を含む全ての医薬品の販売を制限。購入できるのは原則1人1箱までで、中高生など若年者には名前や年齢を確認するよう販売者に求めた。

さらにインスタグラムやTikTok（ティックトック）などのSNS運営事業者も、オーバードーズを促すような投稿は、自殺や自傷行為を助長するとして、確認でき次第、削除している。

SNS1日3時間超利用でリスク倍増

米国の公衆衛生政策を指揮するビベック・マーシー医務総監は2023年5月、「SNSには子どもや若者のメンタルヘルスに悪影響を及ぼす重大なリスクがある」とする報告書を発表した。

マーシー氏はSNSのメリットとして「自己表現の場になる」といった点を挙げる一方、10～19歳は脳が発達段階にあり、頻繁な利用は「感情や衝動をつかさどる部分の脳の発達に影響を及ぼしうる」と分析。社会的な評価などを過剰に気にするようになる可能性があるとした。「1日に3時間以上利用する子どもは、うつ病などの問題を抱えるリスクが倍増する」とも警告している。

子どもの心の健康について詳しい山口有紗医師は「居場所がないと感じる子どもが、『いいね』などの分かりやすい形で承認が得られるSNSに依存的になることもある」と指摘。「思春期は他人との比較などに敏感で、ＳＮＳの影響を受けやすい。大人と子どもでＳＮＳのメリットとデメリットを共有し、適切な利用方法を考えることが必要だ」と語る。

「闇の政府」信じ込む母

50歳代の母親の異変を確信したのは、その動画を目にした時だった。

〈世界を操る闇の政府〉

２０２０年11月、東京都内の女子大学生が、同居する母親から薦められた動画のタイトルには、不穏な文字が並んでいた。

ＬＩＮＥで送られてきたリンクを深夜、一人で恐る恐る開いてみた。すると、子どもがおびえている海外の映像や英語の音声とともに、日本語の字幕が流れてきた。

世界の富裕層が牛耳る秘密組織が子どもを売買している。その巨悪と戦っているのが米国のトランプ大統領（２０１７～21年。24年に再選）だ……。理解しがたい内容が延々と続き、頭が混乱した。しばらくすると、母親からメッセージが来た。

〈これは、命がけで真実を伝える動画なのよ〉

調べると、米国の「Qアノン」と呼ばれる集団が唱える陰謀論だった。「お母さんは、これを本気で信じているのか」。暗澹《あんたん》たる気持ちになった。

この時期、「米大統領選で不正があった」という言説がSNS上で広がっていた。母親は闇の政府の関与を主張するようになり、家族に「根拠がない」と指摘されると目をむいて怒り、「私の世界ではこれが真実なの」と泣きながら訴えた。

その姿は、娘が知る母とはまるで別人だった。

SNSに耽溺《たんでき》すると、関心がある情報ばかりに包まれる「フィルターバブル」により、極端で刺激的な考えに染まることがある。一日中、パソコンにかじりついていた母親も、いつの間にかその罠《わな》にはまってしまったのだろうか――。女子大学生は、そう振り返る。

彼女の母親は、真面目で正義感が強かった。幼い頃、「いじめられている子には、あなたが話しかけてあげなさい」と教えられた。父親に叱られると、よくかばってもくれた。

だが、母親は人付き合いが苦手で友人も少なかった。昔からパソコンの前にいることが多く、新型コロナウイルス禍でほとんど外出しなくなると、一日中、ツイッターやユーチューブなどを見るようになった。

家族が気付かない間に「陰謀論」に引き寄せられた母親。新型コロナウイルスのワクチンに「毒やマイクロチップが入っている」というメッセージを送ってくるようになった。

日本で接種が始まると、その言動はエスカレートする。

自宅で顔を合わせると、涙を浮かべて懇願した。「絶対打たないで。あなたたちが打ったら、私は絶望して死んじゃうから」。女子大学生は妹、父親と相談し、接種したことを母親に隠すしかなかった。

母親は世間話をしていても陰謀論を主張するようになり、同意しない家族を軽侮する発言も増えた。妹は「一緒に住むのがしんどい」と地方の大学に進学し、父親も会話を避けるようになった。「以前の母にはもう戻ってくれないのかもしれない」。女子大学生は、疲れ果てた様子で語った。

中高年が陥る陰謀論の沼

一部の人間が秘密裏に物事を操り、不当に利益を得ている――。コロナ禍では、根拠のない言説がインターネット上にあふれ、傾倒する人が後を絶たなかった。

その要因として指摘されるのが、認知バイアスなどの脳のくせに加え、個人が抱える不安や不満などの負の感情だ。

東京女子大学の橋元良明教授（情報社会心理学）は「陰謀論は、単純に『敵』を仕立て上げる特徴があり、『全てはあいつらが仕組んだせいだ』と思い込むことで、不安や不満を緩和でき、『隠された真実を私たちだけが知っている』という優越感を得ることもできる」と言う。

米国の心理学者の研究によると、陰謀論を信じる人は「無力感や疎外感が強い」という傾向もあるという。

日本では、その影響を受ける人は若者よりも中高年のほうが目立つ。

国際大学グローバル・コミュニケーション・センター（東京）の研究者が２０２２年２月、20～60歳代の約２万人に行った調査では、政治に関する偽情報に惑わされる人の割合は、年代が上がるほど高くなる傾向が見られた。

橋元教授は「陰謀論は、世の中の出来事や政治的な問題が題材になっている。中高年の関心が高い分野であり、ネットを見ているうちに感情を満たしてくれる言説にひかれるリスクが高い、と認識しておく必要がある」と指摘する。

いったん傾倒すると、無関係に見える言説でも次々と信じてしまうのも陰謀論の特徴のようだ。

東京大学の鳥海不二夫教授（計算社会科学）が22年３月に実施したツイッター分析では、日本語で「ウクライナ政府はネオナチだ」という根拠のない言説を拡散していた人の約88

%が過去に反ワクチンの主張を、約47%がQアノンに関連する主張を拡散していた。

信じることで満たされない何かを埋め合わせているとすれば、情報の沼から抜け出すのは難しい。

「母親を陰謀論で失った」。東京都内に住む30歳代の男性が21年、そんなタイトルの体験談を投稿サイトで公開したところ、「私の夫もはまった」「離婚した」といったメールが100件以上届いた。

〈70代の父がユーチューブを見て、『ワクチンは殺人兵器だ』と繰り返し、家族に『なぜ分からないんだ』とどなる〉

〈昔は『みんなの意見を聞きなさい』と教えてくれた父が、差別的な発言までするようになった。洗脳されたみたいで怖い〉

男性は、そんな悩みを持つ人と連絡を取ってきたが、問題が解決したという報告はごくわずかだ。

男性も離れて暮らす母親と会い、「家族が悲しんでいるのに陰謀論を信じるのか」と訴えたことがある。だが母親は聞き入れず、絶縁状態になった。

「母は、家族よりネットの発信者のことを優先する人になってしまった」。男性は深いため息をついた。

事実に不快感持つ心理作用

インターネット上には、強烈な文言や断定的な表現で、人を驚かすようなものが多い。新情報を見つけると脳内でドーパミンが出て、様々な神経回路が活性化すると考えられている。慶應義塾大学の小久保智淳《まさとし》研究員（神経法学）は「記憶に関わる『海馬』という部分に影響が及ぶと、根拠がない情報も『真実』として記憶されてしまう可能性がある」と話す。

「認知的不協和」という心理作用の働きにより、いったん不正確な情報を信じてしまうと、それに矛盾する正しい情報に不快感を覚える。米国の研究によると、事実を突きつけられても、それを否定し、自分の思い込みを強固にしてしまう「バックファイア（逆火）効果」が起きることもある。

ただ、陰謀論へのはまりやすさには個人差がある。独シャリテ・ベルリン医科大学の研究によると、遺伝的にドーパミンが分解しにくい人は、曖昧な情報であっても自分の推論に根拠のない信念を持ちやすいという。

生活環境も重要だ。小久保研究員は、コロナ禍で人と接する機会が減るなど、情報源が偏ることがリスクだと指摘。「人は皆、フェイクニュースの虜《とりこ》になりうる」と警鐘を鳴らす。

第2章

揺れる教育現場

ネット情報の
真偽について学ぶ特別授業で
画像を検索する児童たち

都市伝説妄信し、検索6時間

千葉県に住む小学5年の男子児童（11）は、根拠が曖昧・不明な「都市伝説」を発信する動画投稿サイトのとりこだった。「ぞくっとするのが、たまらない」のだと、彼は言った。

2023年1月のある日、学校の給食にバナナが出た。1本を3等分にした大きさ。口に放り込んだ男子児童は急に大声を上げた。「バナナを320本食べると、死んじゃうんだよ」。

教室の最後列に座る男子児童を、クラスメートが一斉に振り返った。「そうなの!?」。みんな驚いた様子だった。ネットで見つけた、とっておきの情報。彼は少し誇らしく思った。

男子児童は小学3年の頃から、オンラインの戦闘ゲームに夢中だった。攻略法を指南するネット上の動画をあさっていると、やがて、「人は死んだらどうなるのか」といったタイトルのものばかりが目に付くようになった。ゲームでは、攻撃されても「血も出ず、パタッと倒れるだけ」。次々に「おすすめ」される動画を見ているうち、死を現実のものとして意識するようになった。

「水は7リットル、しょうゆは1リットル飲めば死ぬ」。日常的に口にするものの致死量をまとめたという動画に目がくぎ付けとなった。バナナの都市伝説は、過剰に摂取すると健康に悪影響があるカリウムの含有量に依拠しているとみられるが、どれも「通常の食事なら問題のない、いたずらに不安をあおる不適切な情報」(内閣府食品安全委員会)だ。

でも、同じことを伝える動画を何本も見た男子児童は、「本当のことだ」と信じて疑わない。だから、同級生の注目が最初だけで、すぐに意識しなくなることが気に入らない。興味をひく新しい情報を探し、平日2時間、休日は6時間もスマートフォンにかじりつく。

母親(39)は最近、息子の言葉遣いが乱暴になったと感じる。学校で、クラスメートに軽々しく「死ね」と口にしていると、困った担任から連絡がくる。

「エスカレートして友達をいじめたり、自殺願望を持つようになったりしたら……」。母親の心配は増す。

「リアルな本音」

正確さよりアテンション(関心)を集めることが優先される「アテンション・エコノミー」の原理で動くネットの世界。閲覧履歴などを基に利用者が好む情報が「おすすめ」として押し寄せ、偏った情報ばかりに包まれる危険が、そこには潜む。

山形大学の加納寛子准教授（情報教育学）は「社会経験が少ない子どもは特に影響を受けやすい。サイトの言い回しなどに感化され、粗暴な振る舞いにつながることもある」と指摘する。

「学部は何でもいい。バカにされる所にだけは行きたくない」。2023年、大学進学を控えた東北地方で暮らす高校3年の女子生徒（17）は、大学で何を学ぶかは二の次になっていた。男性ユーチューバーが訪れた先の大学で、学生に「Fランじゃん」「恥ずかしくないの？」と尋ねる動画などを見て、考えが変わった。

「Fラン」とは、偏差値が高くないことを表す言い回しだ。勉強の方法を紹介する動画を見ていると、この動画が「おすすめ」に上がってきた。学歴差別的な発言に炎上することもあり、女子生徒も最初は不快に感じていた。しかし見続けているうち、「リアルな本音だ」との受け止めに変わった。いくつかのSNSが同じ情報を発信していることも、そう思い込ませた。

女子生徒は幼い頃から本を読み、文章を書くのが好きだった。大学では文学部で学ぶことを思い描いていたが、動画の影響で、本心から望んではいない学部に志望を固めた。その大学が、ネットで評判が良かったことが判断材料となった。

受験が近づき、「ネットを見ていた時間がもったいなかった」と思う女子生徒だが、「ネットの評判の良くない大学に行くことになったら、どうしよう」という不安を消せないでいる。

「ネットの情報に間違いがあるなんて思わなかった」

インターネット上の情報は全て正しい――。ネットが身近な環境に育ち、デジタル端末を自在に操る子どもたちのそんな認識は、思考が偏るリスクと隣り合わせにある。

2023年5月中旬、埼玉県戸田市の市立小学校であった特別授業。5年生の教室で、このクラスの児童37人が、ノートパソコンでネットの検索サイトを開いていた。

探していたのは、カモノハシの赤ちゃんの画像。半数超の20人は同じ1枚にたどり着いた。それは海外アーティストが作った精巧な彫刻作品の画像で、「正解」ではなかったが、ゾウやパンダと違ってカモノハシの赤ちゃんを目にする機会は、そうない。この画像を「本物」とした児童に理由を聞くと、多くが「検索結果で上の方に出てきたから」と答えた。

この授業で外部講師を務めたのは、企画会社「インフォハント」（東京）の安藤未希さん(37)だ。ネット情報の適切な活用を教えている。安藤さんによると、画像はアーティスト本人ではない第三者が、「カモノハシの赤ちゃん」としてSNS上で拡散した結果、サイトのアルゴリズム(計算方法)によって上位に表示されるようになった。男子児童(11)は「ネットの情報に間違いがあるなんて思わなかった」と驚く。

安藤さんは「出典を確認するという所作を身に付けることが大切だ」と訴える。

ユーチューバーをまね、授業に支障も

政府のGIGAスクール構想でデジタル端末の1人1台配備が実現した学校現場では、子どもたちが授業中もネットの世界とつながる。滋賀県の小学校で教壇に立つ20歳代の女性教員は、端末から目を離さない児童がいると、チョークを持つ手が震える。「先生なのに知らんの?」。2022年度に受け持った4年生のクラスで、男子児童の一人から、繰り返しそう言われた。

クラスの中でも控えめな方だった彼が変わったのは、夏休み明けだった。授業中も端末を見続け、クラスメートにクイズを出すようになった。最初は「路面電車が走る都道府県はいくつあるでしょうか」といった程度だったが、やがて小学校では習わない数学や理科

の問題へと難易度が上がった。

ある日の授業中、男子児童は世界史の問題を女性教員にぶつけてきた。歴史上の出来事などを強い口調で解説するタレントユーチューバーそっくりの語り口。大げさな手ぶりと眉を上下させるしぐさまでそっくりだった。女性教員が教科書を開くよう注意すると、彼は一方的に正解を言って、ふんぞり返った。

男子児童は夏休み中、家で一人で過ごす時間が長かった。その間に見続けたユーチューバーの動画に染まっていったようだ。女性教員は彼の出す問題を受け流していたが、しばらくすると他の児童たちも「先生って、何も知らないんや」とはやし立てるようになった。提出物を出すよう言っても、整列を指示しても、反応しなくなった。

「ネットに強く影響を受けた子どもたちに、教師としてできることはなんだろう」。女性教員は思い悩む。

ネットの情報を信じ込み、授業や学級運営に支障が生じる――。文部科学省はこの状況に対し、「問題が起きているのは一部の学校にとどまり、限定的との認識だ」とするが、対応に苦慮する教員は少なくない。

首都圏の公立高校に勤める男性教員（33）が22年度に授業を受け持った2年生の中に、スマホを手放さない男子生徒がいた。

「今の中国はバブルが崩壊した日本と同じだ！」。中国の経済発展を扱っていた時、彼は急に叫んだ。ロシアのウクライナ侵略後は「日本も徴兵制になる」と主張。男性教員は発言のたびに注意したが、「先生、ムキになっちゃって」とかわされた。

ときどき、発言の根拠を問うと、男子生徒は決まって「ネットで色んな人が言っていますよ」と答えた。後に、保守的な言動で知られる作家らのツイッター（現Ｘ）を複数フォローしていたとわかった。「アルバイト先で一緒の中国人や韓国人の悪口も増え、考えや価値観が偏っていくようで心配だった」という男性教員。「でも、どうやってそのことを彼に伝えればいいのか。正直、難しかった」と苦しげに語る。

兵庫教育大学の秋光《あきみつ》恵子教授（学校心理学）は「知識や考えを主張する子どもは以前からいたが、ネットの普及で、その内容が偏向したり過激化したりしている。周りの子どもが感化されないよう、当人だけでなく教室全体で問題点を考えるようにする必要がある」と話す。

脳の成熟よりも本能が先行

子どもたちは、なぜ、ネット上の情報を簡単に信じ込んでしまうのか。専門家は、脳の

アンバランスな子どもの脳

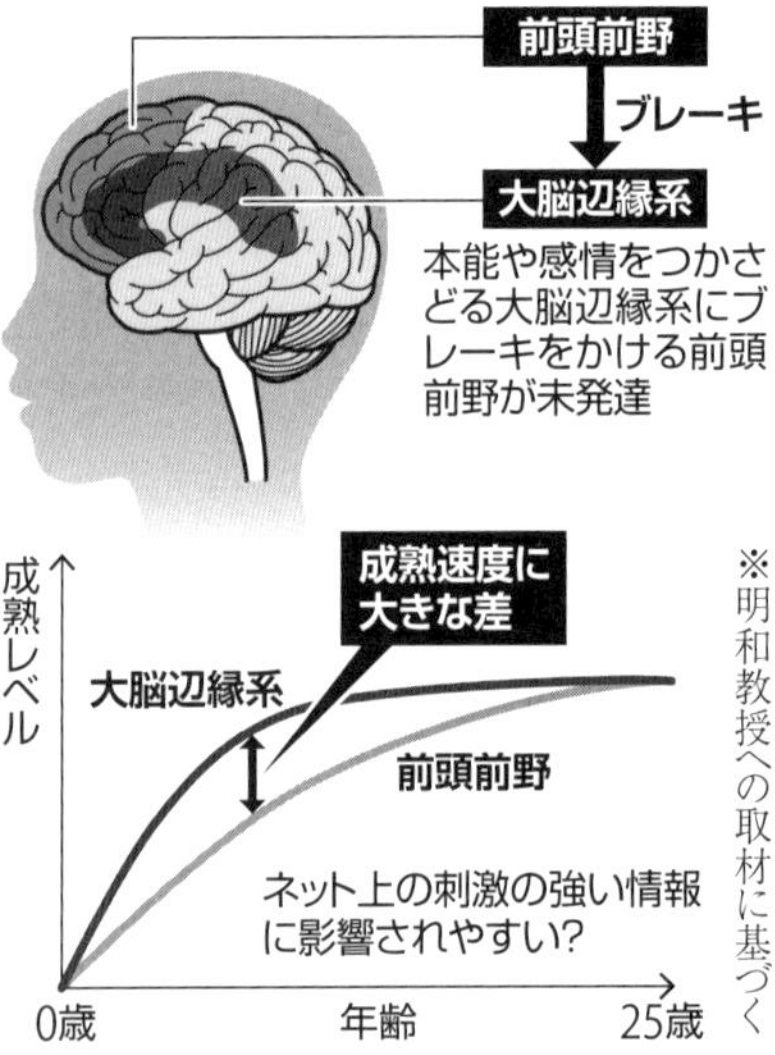

部位によって成熟レベルが異なるアンバランスさに着目する。

本能や感情をつかさどる脳の部位は「大脳辺縁系」と呼ばれる。おでこの辺りにある「前頭前野」には、大脳辺縁系にブレーキをかけ、感情をコントロールする司令塔的な働きがある。

大脳辺縁系が思春期に急激に成熟するのに対し、前頭前野が完全に機能するには25年以上かかるとされる。京都大学の明和《みょうわ》政子教授（脳科学）は「前頭前野が未成熟な段階にある子どもの頃は、物事を感覚的に捉えてしまい、ネット情報の強い刺激に影響されやすい」と説明する。

親や教師、友人といった信頼できる存在が前頭前野のような「ブレーキ役」となるが、親子関係などに問題があると抑制が利きにくくなる。

思春期は、特に周囲の環境に影響されやすい。現実世界よりネット空間に居心地の良さを感じると、脳に快楽をもたらす「報酬系」と呼ばれる神経回路が活発化し、偏った情報ばかり集めたがるようになる。

脳はシナプスと呼ばれる神経細胞同士のつなぎ目を介してネットワーク化されている。幼い子どものシナプスの数は大人の倍以上あるが、脳の成熟とともに減っていき、学習した情報を効率良く引き出せるように再構築される。東洋大学の児島伸彦教授（神経科学）は「誤った情報ばかりに触れることで、誤った記憶が定着する危険もある」と懸念する。

テスト作成、先生いらず

「もう学校の先生はいらなくなるかもしれないね」。千葉県の公立高校で英語を教える50歳代の男性教員は、力なく笑った。そう嘆く理由は、生成ＡＩ「チャットＣＰＴ」の登場にある。２０２３年の年明け、２年生の学年末テストの問題をチャットＧＰＴで作ってみると、その出来は想像を超えるものだった。

22年末、若手の教員から「おもしろいものがありますよ。すごい精度です」と教えてもらった。最初は全く信用していなかった。だが、試しに英語の問題を入力して解答を見てみると、思いのほか正確だった。

学年末テストでは、問題の一つとして、教科書に載っていない英文を読み解くものを出することになっていた。米国の短編集から引用した一節を打ち込み、こうリクエストした。

〈あなたは英語教員です。英語中級者向けに、英文の内容理解をはかる4択問題を5つ作ってください〉

〈4択問題のそれぞれの答えと解説を作ってください〉

パソコンの画面に表示された問題と答えは、「想定していたものと同等か、それ以上の出来」だった。多少の言い換えをして、ほぼ丸々、採用した。教員らで問題を検討する会議に提出したが、疑義は出なかった。そのまま出題したが、生徒も特に不審がる様子はなく、正答率も予想通りだった。

「これだけの性能であれば、生徒たちも勉強に使うだろう」と思う男性教員だが、こんな不安も頭をよぎる。

「無料ですぐに答えを示してくれるツールに頼りすぎてしまって、みんな『思考停止』に陥らないだろうか」

宿題はAIに丸投げ

2023年4月中旬。東京都内の自宅でパソコンを前にした高校2年の男子生徒（16）

は、マウスを手に心が揺れていた。もう夜の11時。宿題を提出する締め切りまで、あと1時間しかない。これから取りかかっても間に合わないだろう。

チャットGPTに作ってもらった「答え」を、そのまま出すしかない。マウスを左クリックし、提出した。「宿題に無駄な時間をかけている余裕はないんだ」。そう言い聞かせ、忘れるようにしてベッドに入った。

男子生徒は、医師である父親（54）の背中を追い、医学部への進学を目指している。通っている私立高校では特進クラスに所属し、週3日は塾にも行って、夜10時まで勉強。バスで家に帰り、夕飯を食べて風呂に入ると、気づけば、11時だ。分刻みのスケジュールの中、優先順位の低い学校の宿題が「無駄」に思えてならない。

チャットGPTを初めて使ったのは3月の初め頃。学校のテスト前日になっても気が乗

学校の宿題にチャットＧＰＴを利用する男子生徒

らず、軽い気持ちで聞いてみた。〈試験勉強をしたほうがいいかな〉〈はい、試験前には十分な勉強が必要です〉。パソコンの画面で、誰かが話しているかのように、文字が流れた。

最初は、自分の名前を入力したり、天気を聞いてみたりする程度だった。使い慣れてくると、今度は宿題をどのぐらい解けるのか試してみた。参考書と照らし合わせても遜色ない、詳細な解説。「これはすごい。いつでもどこでもそばにいて、勉強を教えてくれる『先生』のようだ」。

4月に入り、負担に感じていた宿題を手伝ってもらうようになった。〈宗教の違いを説明せよ〉〈日本の文化や思想について考えよ〉。宿題の問題文をそのまま入力。示された文章の末尾を少しだけ変えたり、文章の順番を入れ替えたりして、ほぼそのまま提出した。

チャットGPTを知るほんの数か月前までは、教科書などを読み返し、自分なりに文章を考え、宿題を終えるのに1時間はかかっていた。だが、チャットGPTを使えば、ものの5〜10分で済む。教科書を読み返すことはなくなった。男子生徒は「大学入試に向けて、無駄なことはできるだけ省きたい」と話す一方、「補助輪を付けて自転車に乗っているような状態。このまま続けていいのか」と葛藤する。

使うか使わないか――親の葛藤

関西地方に住む母親（37）は、子どもの読書感想文の提出に向け、チャットＧＰＴを使ったことがある。

中学1年の長男が、課題図書の中から選んだのは海外の小説だった。その中で登場するミュージカルや音楽のことについて、辞書代わりに尋ねると、作品の時代背景なども含めて詳しく教えてくれた。長男は「知りたい情報を探すのに、色んなサイトを回るよりずっと早い。ほかにも、勉強やゲームのことも何でも知っていて、万能感がすごい」と喜んだという。

「回答に誤りがある可能性があることは知っているが、『正しそうな情報』を得られるのはありがたい」と母親。チャットＧＰＴを使って長男に感想文を書かせるつもりはないが、「これからは、最新技術を知っているかどうかで差がつくかもしれない。全く使わないというわけにはいかない」と思い悩む。

しかし、教育現場での安易な生成ＡＩの利用には、思考力の低下や偏った情報をうのみにする懸念がつきまとう。米エール大学の研究チームが２０１５年に発表した論文によると、人間の脳は、ネットで得た知識を自分の知識だと錯覚し、自分の能力を過信する傾向があるという。

ＡＩに詳しい国立情報学研究所の新井紀子教授（数理論理学）は「従来の検索サイトに比べ、チャットＧＰＴは『もっともらしい』答えを瞬時に示す。わかりやすいだけに依存しやすく、自分が知りたい情報だけを見るという傾向が加速する恐れがある」と指摘。「表示される内容に誤りも多い」とした上で、「子どもたちの使用には慎重になるべきで、教育に特化した生成ＡＩを開発するなど適切な対策を模索する必要がある」と語る。

動画拡散で加速するいじめ

東日本に住む高校１年の男子生徒（15）が異変に気づいたのは、中学３年だった２０２２年の秋。仲良しの女子生徒の一言がきっかけだった。「変な動画が回っているけど、大丈夫？」。

他人に見られたら恥ずかしい自身の性的な動画。同級生にスマートフォンで撮影されたものが、通っていた私立中学から貸与されたタブレット型端末「ｉＰａｄ（アイパッド）」で共有されていた。

「異性の友達にまで見られてしまった」と思い詰めた男子生徒。年末、遺書のつもりでスマホにこう打ち込んだ。「14年間、育ててくれてありがとう」。

嫌がらせが始まったのは中学2年の頃だった。蹴られたり、物を隠されたり。中学で使うアイパッドのチャットでは、知らぬ間に、自分の名字を入れた「撲滅委員会」と題するグループも作られていた。

男子生徒へのネットでの嫌がらせは、アイパッドでの動画共有にとどまらなかった。動画は、生徒個人のＬＩＮＥで、中学1年の時のクラスメートや、自分が所属していない部活のメンバーたちにも回った。〈い○めとか笑わせんな〉〈はよ失《う》せろ〉。23年2月、自身のインスタグラムに、匿名のそんなメッセージが届いた。

学校側は、動画が少なくとも十数人に拡散したことを確認。関係した生徒らを呼び出して消去するよう指導した。取材に対し、「できる限りのことをしたが、スマホの中身まで全てチェックできない」と答えた。

「一度出回った動画は消せない」と嘆く男子生徒。この先、「動画を持っているぞ」と脅されはしないかと、底知れぬ不安におびえている。

動画共有アプリで閲覧数百回

快活だった女子生徒が突如、バスケットボール部の練習に来なくなったのは2022年9月上旬だった。関東地方の公立中で、レギュラーの座をつかみつつあった中学2年生。副顧問の男性教員（42）が何人かの部員に事情を尋ねると、一人が明かした。「彼女を撮った動画の加工が原因だと思います」。

22年7月末にあった他校との練習試合。レギュラー争いをしていた3年生が、「今後の参考に」と言って、女子生徒のプレー姿をスマートフォンで撮影した。それが、問題の動画だった。見せられた男性教員は「えっ」と目を見開いた。相手の守備をかわしてのドリブルや、両腕を大きく広げてパスを防ごうとするシーンで、白目になったり、つばが飛んだりして彼女の表情が「醜く」見える瞬間をつなぎ合わせ、30秒ほどに編集されていた。〈顔やば〉〈ゴリラみたい〉。動画には中傷する字幕がつけられ、3年生の部員のLINEで共有されていた。不特定多数が見られる動画共有アプリにも投稿され、閲覧数は数百回に上っていた。

男性教員が撮影した3年生に事情を聞くと、別の部員からこう聞いたと明かされた。

「うまい子だからこそ、変な動きや顔がおもしろいよね」「有名なアスリートの〝コラ画像〟はネットによくあるし、問題ないよ」

顔写真を切り貼りして組み合わせたものは「コラージュ画像」と呼ばれ、著名人らの顔写真を面白おかしく加工したものがネット上で多数みられる。撮影した３年生は「いじめだと思わなかった」と弁解したが、男性教員は動画を消去させ、女子生徒に謝罪させた。男性教員は「ＳＮＳでのいじめは見えにくく、スピードも速くて対応が難しい」と語る。

パソコンやスマホを使った小中高校などでのいじめは近年、急増している。文部科学省によると、21年度は２万１９００件に上り、統計を取り始めた06年度の約４・５倍に上った。

兵庫県立大学の竹内和雄教授（生徒指導論）は、増加の背景に、コロナ禍で学校での対面や会話が減ったことに加え、ネット空間で同じような考えの人たちの意見が反響し合う「エコーチェンバー」現象もあるとみる。

竹内教授は「子どもたちは大人に比べて交友関係が狭い。閉ざされたＳＮＳ上でやり取りするうちに自分たちの考えが正しいと思い込み、いじめがエスカレートしやすい」と分析。「新しいアプリが次々に登場し、低年齢化が進んで手口も巧妙化しており、大人が気づきにくくなっている」と指摘する。

そして、この例のように、ＳＮＳでのいじめは、現実世界より深刻化しやすいとされる。大阪大学の綿村英一郎准教授（社会心理学）によると、ＳＮＳいじめの大きな特徴は、いじめる側が罪悪感を覚えにくい点だという。

いじめは「被害者への共感や同情」「深刻度の認識」があれば起きにくいことが、心理学の実験で実証されている。ところがＳＮＳでは、相手が苦しむ様子を目の前で見ることが少ない。「投稿者」「拡散者」など役割が多岐にわたり、一人ひとりの加担の度合いも小さくなりがちだ。相手の何げない発言をネガティブに捉えて敵対視する「敵意帰属バイアス」にも陥りがちという。

いじめる側の投稿の内容を深く考えず、習慣的に「いいね」を付ける人もいる。その結果、いじめる側は自身の行為が周囲から「承認」されたと錯覚し、行為がエスカレートしてしまう。同じメンバーでいじめが繰り返されれば、同調圧力が高まり、行為をやめるような指摘をしづらくもなる。

いじめを認識しながら何も反応しない「傍観者」の存在も問題だ。綿村准教授は「惰性で『いいね』を押さないことはもちろん、メンバー同士で『良くないよね』と声を掛け合うことが大切だ」と強調する。

「脱スマホ」で変わる子どもたち

宮城県東松島市の市立矢本第二中学校３年の阿部広睦《ひろむ》さん（14）がスマートフォンに触れるのは夜９時までだ。寝るのは11時頃。その間に勉強したり、家の周りを走ったり。「時間を有意義に使えているな」と思う。

以前の阿部さんは平日５時間、週末は12時間もスマホにかじりついていた。次々に上がるゲームの実況動画から目が離せなかった。変わるきっかけは２０２２年夏、市内の小中学生が集まる「子ども未来サミット」で、スマホなどのデジタル機器との付き合い方を話し合ったことだ。

このテーマが選ばれたことには理由があった。全国学力テストで東松島の中３の平均正答率は、全国平均を５ポイント前後下回り続けていた。特に22年度の数学では、スマホの使用が「４時間以上」の場合は「１時間未満」に比べ、27ポイントも低かった。

平日１時間程度――。東松島の子どもたちは、スマホなどを使う時間の目安を決め、各校で取り組む「東松島ゴール」を作った。矢本第二中は「90分以内」をゴールとし、月に１度は「48分以内」とする日を設けて、生徒会が校内放送などで呼びかけた。23年５月中旬、3年生110人に前日の状況を聞くと、7割超が目標を達成。「勉強のスイッチが入りやすくなった」という阿部さんの成績は、上位に食い込むようになった。

担当教諭の浅野邦智さん（42）は「睡眠不足が原因の体調不良で保健室に来る生徒が2割強減った。規則正しい生活環境は学力向上の土台で、好循環が生まれている」と成果を実感している。

精読で学ぶ遠回りの大切さ

表紙が破れた文庫本には、たくさんの付箋が貼られ、余白には書き込みがある。2023年5月中旬、日本女子大学付属中学校（川崎市）3年2組の教室で、生徒39人が井伏鱒二の小説『黒い雨』を読み込んでいた。

原爆投下後の広島で、すすを含んだ「黒い雨」に打たれた女性の苦悩を描いた作品。「苦しく辛《つら》い描写の中に一つの光を感じた。それは『人と人とのあたたかなつながり』である」。村山絢香さん（14）は感想文に、そう書いた。

日本女子大付属中では1年生の時から国語の授業時間数の半分を充て、各学期に文庫本を1冊読ませる。「精読」と呼ばれる時間。大切にしているのは、「没入感」に浸ることだ。

中高生らに人気の動画共有アプリＴｉｋＴｏｋ（ティックトック）をはじめ、ＳＮＳに投稿される動画の多くは十数秒程度に短く編集されている。「教科書に載る文学作品も一部の抜粋。ネットの情報はさらに断片的だ」。そう語る野中友規子校長（60）は、「様々な作品にじっくり触れることで、色々な視点から物事を捉えられるようになる」と強調する。

入学当初、生徒たちの多くはストーリーを追うので精いっぱいだ。それが精読を積むことで、「言葉に敏感になり、なぜこういう表現を使ったのかを考え、作品の裏側にある作者の伝えたかった思いやメッセージが読めるようになっていく」（野中校長）という。

中浜真里さん（14）もＳＮＳ上の短い動画を好み、次々に上がってくる動画を２時間近く見てしまう日もある。だが、通学の電車内で手にするのはスマートフォンではなく文庫本だ。

「ストレートに情報にたどり着けない精読は、タイパ（時間対効果）が悪いのかもしれない」と話す中浜さんだが、「小説の登場人物を通じて自分と異なる価値観に触れるのは、瞬間的に楽しむだけの動画では決してできないこと。遠回りかもしれないが、精読という時間が私には大切」と考えるようになったという。

大きい保護者の役割

内閣府が10〜17歳の小中高校生5000人を対象に行った2022年度の調査では、この年代の子どもたちが平日にネットと接する時間は平均4時間41分。約7割が3時間以上利用していた。小学生の平均は3時間34分で、中学生は4時間37分、高校生では5時間45分と学年が上がるにつれて長くなり、目的は「動画」の視聴が最も多かった。

厚生労働省研究班が17年度に行った調査では、ゲームを含むネット依存が疑われる中高生は推計約93万人。前回12年度調査の約52万人から大幅に増えた。東北大学の瀧靖之《たきやすゆき》教授（脳医学）は「思春期の子どもの脳は感情をコントロールする前頭葉が未発達。SNSや動画には、そんな子どもの五感を刺激するものが多く、見る時間などをルール化して守らせることが、健全な脳や心身の発達に重要だ」と語る。

子どもたちにスマホなどのデジタルメディアを適切に使用させるのに、保護者が果たす役割は大きい。

長野県御代田町《みよたまち》では20年、町内にある小中学校3校の児童生徒が出した「子ども宣言」に続き、PTAが中心となって「保護者宣言」をまとめた。各家庭でデジタルメディア利用のルールを決めた上で、子どもが守らない時は「厳しい態度」で臨み、保護者自身も子どもと共に使い方をチェックする。

３人の子どもを育てる自営業の堀籠《ほりごめ》里恵さん（47）は、スマホを持つ中学３年の長男との間で、使用時間を平日１時間、休日は２時間までと決めた。堀籠さん自身も「息子たちの前ではなるべくスマホを使わないようにしている」という。

子どものメディア利用の実態に詳しい東海大学の田島祥《さち》准教授（教育工学）は「子どもたちがルールを守ろうとする中、保護者がそれに沿わない使い方をしていては示しがつかない。保護者が率先して取り組む姿勢を見せることで、子どもの意識も高まっていく」と語る。

信頼できる情報を検索結果の上位に示す仕組みを

ネットの弊害を抑える取り組みは、サービスを提供するデジタル・プラットフォーマーや情報の発信者側にも求められている。特に、利用者の関心をひく情報が無秩序に量産される中で、信頼性を高めることは急務だ。

法政大学社会学部の学生グループは２０２２年９月下旬の１週間、大手検索サイトのトップ画面に掲載された621本の注目記事の根拠を調べた。取材や検証をしていないと思われる記事は76本あり、19本は判別が難しかった。グループのメンバーで4年生の合田優希さん（21）は「情報源や投稿元が分からないものは安易に信じないようにしたい」と話す。

正確で信頼できる情報を担保するための取り組みは国内外で進行中だ。米国ではマイクロソフトやソニーなどでつくる団体が、ネット上の情報の出所や来歴を利用者に示し、偽情報の浸透を防ごうとしている。国内でも、新聞社やＩＴ大手などでつくる技術研究組合が、認証されたメディアや広告主であることを証明する「オリジネーター・プロファイル」（ＯＰ）の実装化を目指している。

法政大学の藤代裕之教授（メディア論）は「プラットフォーム側は、こうした動きに対応して、信頼できる情報を検索結果の上位に示すといった仕組みを整備する必要がある」と指摘している。

第3章

混沌もたらす者たち

「バズらせるときは
すごい動画を3本連投することが絶対必要。
トラブル系は回る」と語るラファエル氏

炎上動画を投稿

過激で極端な情報やフェイクニュースがあふれ、デジタル空間はカオスと化している。背景にあるのは、人々の関心を奪い、広告を閲覧させることで収益化を図る「アテンション・エコノミー」だ。その発信者に迫りたい――。取材班は「炎上系」「迷惑系」と呼ばれるユーチューバーの所属事務所や、X（2023年7月にツイッターから改称）のアカウントに片っ端から取材を申し込んだ。

次々に断られる中で、ようやく応じてくれたのがチャンネル登録者の総数が200万人を超える人気ユーチューバー「ラファエル」氏だった。

2023年7月下旬。指定された取材場所は、成功者であることを象徴するような東京都心の超高級マンションの一室だった。大勢のスタッフがせわしなく動き回る中、事務所として使うこの部屋に、グレーのパーカに白い仮面姿のラファエル氏が姿を現した。

軽妙な話術を武器に、超高級車や時計を購入してみせる動画など、テレビのバラエティー番組のような企画を発信し、男性ファンを中心に高い人気を誇る。

だが、19年に大きくつまずいた。過激な動画が問題視され、ユーチューブからメインチャンネルを停止されたのだ。「数字を取らなければという一心で、まるでドラッグを打ち続けているような状態だった」と心境を語り始めた。

大阪市の高校卒業後、陸上自衛隊に入った。将来の出世頭と目されたが、「もっと金銭で評価されたい」と民間企業に転職した。

相手が何を求めているか――。自衛隊でも会社でも、そのことをつかむ能力に自信があった。得意の話術ですぐに営業成績はトップに。だが、高級スーツを着こなす派手な生活に収入は追いつかない。14年10月に副業として始めたのがユーチューブだった。

「波」は1年半後にやってきた。東京・渋谷の繁華街で女性に「100万円あげるから、今からホテル行きませんか」とナンパする企画がヒット。1000円の雑貨の自販機が壊れ、次々と商品が出る様子を映した動画もバズった。「アダルト系やトラブル系は伸びる」と確信した。

再生回数は爆発的に伸び、月に1万~2万円だった広告収入は80万、200万とまたたく間に増えた。ユーチューブを始めてから2年、月収が400万円を超えた頃に会社を辞めた。

投稿動画の多くが、ユーチューブの規約に違反する「不適切な内容」だと認識していた。再三の警告も受けていた。それでも「人の注意を引くには炎上商法が手っ取り早い」と過激な動画を作り続けた。

破竹の勢いは続かなかった。19年1月22日、突然、メインチャンネルが停止され、広告収入はゼロになった。

現在は、以前のような過激な動画は控え、ほかのチャンネルで会社経営者と対談する様子など、様々な投稿を続けている。ラファエル氏はこう振り返る。「炎上動画を出してすぐに消えていく、自分がバカにしていたユーチューバーに、自分自身が成り下がっていた」。

「人を傷つける生活はもういやだ」

ユーチューブに動画を投稿すると、条件を満たせば視聴回数に応じて収益を得られる。原資は運営会社のグーグルが企業などから受け取る広告費だ。

調査会社などによると、月間の利用者は世界で25億1400万人、うち日本の利用者は約7000万人に上る。再生回数が伸びるほどグーグルに支払われる広告費は増え、投稿者も潤う。こうした構造が、過激な情報発信を加速させ、混沌《こんとん》を生み出している。「ソーシャルポルノ」と呼ばれる刺激にあふれた、享楽的な情報がもてはやされる。

福岡でお笑い芸人を目指していた31歳の動画配信者「よりひと」氏は2015年、ユーチューブを始めた。「ネットなら何千何万の人に見てもらえる」と毎日「ネタ」動画を投稿した。

初のヒットは磨いた芸ではなく、別の投稿者と口論になった動画だった。「炎上系は数字が取れる」と味をしめ、人気ユーチューバーらをおとしめる投稿を始めた。「相手がどう思うかは、気にもならなかった」。

芸人になる夢はあきらめていなかった。ネタを書き、相方を探した。だが、ユーチューバーとしてファン向けのイベントを開くと100人規模で視聴者が集まるのに、お笑いのライブには30人も集まらない。「ネタが面白いのではなく、過激な発言がウケていただけだった」と落胆した。

22年3月、あるユーチューバーのいじめ疑惑を根拠のないまま執拗《しつよう》に発信したことで、名誉毀損《きそん》罪などで有罪判決を受けた。

「お笑いをやりたかったのにどうしてこうなったんだろう。人を傷つけて収益を得る生活はもういやだ」と唇をかんだ。

迷惑系から社会の敵に

いかに人々の「アテンション（関心）」をつかみ、金に換えるか――。そのルールが支配する世界では、法令を無視した過激な動画を発信して、一線を踏み外すケースは少なくない。

その一人が、迷惑系ユーチューバーとして知られた「へずまりゅう」こと原田将大氏（32）だ。「山口県から来ました！」と大声をあげ、嫌がる人気ユーチューバーに「突撃」する迷惑動画で一躍有名になった。

動機は金だった。

地元の大学を卒業した後、交際していた女性の父親の連帯保証人になり、1000万円を超える借金を負った。返済に窮し、2017年、地元の高校や大学に忍び込み、スポーツ用品を盗んだとして逮捕され、執行猶予付きの有罪判決を受けた。勤務先の鉄鋼会社は解雇された。

「ユーチューブで稼ぐしかない」。20年2月に上京し、再生回数が稼げる「炎上動画」に手を出した。執行猶予期間中で「何かあったら今度こそ刑務所に入る」と思っていたが、背に腹は代えられなかった。半年間で約50本の迷惑動画を投稿し、再生回数が100万回を超える「当たり」を連発した。

だが、再び転落する。愛知県岡崎市のスーパーで会計前の魚の切り身を食べる動画を撮影。被害届を受けた県警から同7月、窃盗容疑で再び逮捕された。

新型コロナウイルスにも感染しており、捜査にあたった警察官らにクラスターも発生させた。世間の目は「迷惑系」から、「社会の敵」に変わっていた。

逮捕から約2か月。留置施設に面会に来た、やつれ果てた母親を見て、これまでの行動を悔いた。「もう続けられない」。

22年3月、懲役1年6月（保護観察付き執行猶予4年）の判決が確定する。改心したつもりだが、Xでは今も、事故現場で悪ふざけをする動画を投稿し、世間から眉をひそめられることもある。自身については、こう分析する。「『へずまりゅう』の悪名で食べていくしかない。もはや炎上中毒です」。

〈この女が動画撮ってたんだよ〉〈共犯、こいつ〉

人々の関心を引きつけるには、誰よりも早く情報を発信することも求められる。しかし、裏付けが不十分のまま投稿し、トラブルに発展することもある。

都内に住むユーチューバーの男性（33）は、無関係の第三者をある事件の犯人と決めつけて拡散させた。普段から時事系の話題を配信しており、「いち早く取り上げなければ再生回数を稼げない。焦っていた」と振り返る。

事件は2019年8月に起きた。茨城県の常磐《じょうばん》道を車で走行していた男が、後続車を止めさせ、運転手を殴った。男の車に同乗していた女が携帯電話のカメラで撮影している様子が、被害者の車のドライブレコーダーに記録されており、その映像がネットに拡散。犯人捜しが過熱し、事件と無関係の40歳代の女性を同乗者の女だと決めつけるデマが広がった。

男性はデマを信じ、無関係の女性の顔写真をさらして動画を配信。〈この女が動画撮ってたんだよ〉〈共犯、こいつ〉。再生回数は3万回を超え、女性のSNSアカウントには「早く自首しろ」などと誹謗《ひぼう》中傷するメッセージが1000件以上届いた。

男性は後日、事実誤認を認めて謝罪動画を配信したが、女性から名誉毀損で訴えられ、33万円の賠償判決が確定した。「誰よりも早く情報を伝えることがバズるきっかけになり、収益に結びつく。そのせいで内容がどんどん低俗になってしまった」。

デマを流された女性は「スマホを持つ人みんなが誰かを攻撃しているように感じ、外に出るのが怖くなった。こうした投稿で傷つく人がいることを多くの人に考えてほしい」と話す。

度外視される情報の質

ユーチューバーの配信が過激化していくのは、視聴者がそれを求めているからでもある。東京大学の鳥海不二夫教授（計算社会科学）は「私たちは、動物的で反射的な存在。刺激が強いものを目の前にすれば、本能的に欲してしまう」と語る。

人間の思考モードには、反射的な「システム1」と、熟考を特徴とする「システム2」があるとされる。人々の関心を集め、広告を閲覧させるアテンション・エコノミーの世界では、システム1を刺激することが重要と言われている。

収益目的で刺激的な情報を発信する者と、そうした情報を求める者たち――。需要と供給の関係が成立しているように見えるが、発信する情報の「質」を度外視したこうした構造こそが、偽情報や、人を傷つけるような情報をデジタル空間に氾濫《はんらん》させる元凶になっている。

また、過激な言動や迷惑行為を伴う情報発信の先には、必ず被害者がいるのも事実だ。

ユーチューブで芸能人らを脅迫したとして逮捕・起訴された前参院議員のガーシーこと東谷義和氏（51）は、過激な発言で人気を博し、多額の広告収入を得ていたが、発言の標的となった被害者らは大きな不安や恐怖感に襲われたと語っている。

このような迷惑行為の発信が問題視されるようになったのは、SNSが普及し始めた2013年頃からだ。同年、コンビニの従業員が店内の冷凍庫に横たわった画像をフェイスブックに投稿し、批判が殺到した。悪ふざけをXに投稿することを意味する「バカッター」という俗語も流行した。

国際大学グローバル・コミュニケーション・センターの小木曽健客員研究員は「内輪受けのつもりが想定外に拡散して『炎上』するケースが多かった」と語る。

17年頃からは、動画の再生回数を増やすために過激な投稿を行う「確信犯」が加わり、「迷惑系」や「暴露系」インフルエンサーの投稿が再生回数を稼いでいる。

被害者が一線を越えた投稿者に高額な損害賠償を請求するケースも見られる。小木曽氏は「今後はより一層、様々なペナルティーが科されるようになるだろう」と指摘する。

注目されたい――「いいね」欲しさに中傷

「裁判でウソをつき通したことを後悔している。ずっと謝りたかった」

SNSの誹謗中傷事件で侮辱罪に問われ、2023年1月、拘留29日の有罪判決を受けた東海地方のアルバイト男性（24）は、読売新聞の取材にそう打ち明けた。裁判では、投稿は被害者に対するものではなかったとして無罪を主張。しかし、拘置所で過ごす間に反省したという。虚偽の主張をした理由は「中傷に対する厳罰化を求める動きがあり、うろたえていた」。

男性は22年3月、交通事故の被害防止を訴える活動をしている会社員松永拓也さん（37）に対する中傷をXに投稿した。松永さんは東京・池袋の乗用車暴走事故で妻真菜さん（当時31歳）と長女莉子ちゃん（同3歳）を亡くした。

〈金や反響目当てで闘っているようにしか見えません〉

〈天国の莉子ちゃんと真菜さんが喜ぶとでも？〉

そんな投稿を行った理由について、男性は「事故の加害者が高齢者だったのに実刑判決になり、かわいそうだと思ったから」と話す。

侮辱罪で有罪判決を受けた男性。「過激なことじゃないとみんな反応しない」と語る

だが、攻撃的な言葉で他人を中傷するのは初めてではない。根底にあったのは承認欲求だ。

元々、Xで自身の趣味に関する投稿をしていたが「『いいね』が全然もらえず、面白くなかった」。しかし、松永さんに対する事件の3か月前、他人を攻撃する動画を投稿すると多くの人に拡散された。「反響がうれしかった」。その後、人をあおったり、揶揄《やゆ》したりする投稿を始めた。

「承認欲求の誘惑に勝てず、再犯する可能性が高い」。松永さんは22年12月の公判に出廷し、男性についてそう指摘した。

男性は公判で「インターネットでの発信はしない」と述べたが、今も投稿を続けている。「人を傷つけることはもうしたくない。でも注目されたい気持ちは変わらない」。

気がつけばエコーチェンバーの渦中に

山梨県のIT業矢崎幹博氏（33）はまさにエコーチェンバーの渦中にいた。きっかけは2022年12月。ある団体の不正疑惑をXで目にしたことだ。

「鬼の首を取ったような気持ちだった」。元々、その団体の代表が自分の好きなキャラクターを批判したことに不満を抱いていた。気分が高揚した。

疑惑を指摘したのは、20万人のフォロワーを持つインフルエンサー。ユーチューブで、小気味よく問題点を列挙していく投稿動画にのめり込んでいった。

閲覧履歴をもとに「おすすめ」と表示される動画のリストに、団体の活動を問題視するものが増えた。食事中も洗濯をしているときもスマホを手放せない。動画を見ることが生活の一部になった。

自らSNSで攻撃的な投稿を始めるまで、2週間もかからなかった。

〈認知に異常がある〉〈本気で言っているなら、はやく病院へ行くべきだ〉

団体の支援者らを強い言葉で攻めた。すると、あのインフルエンサーの「信奉者」から

「おすすめ欄に表示される動画を見ているうち、自己催眠のようになってしまった」と振り返る矢崎幹博氏

次々とフォローされた。一体感を覚えた。

相手も黙っていたわけではない。「こちらがコメントすると、10倍になって返ってくることもあった」。画面の向こうの相手に怒りが募り、反論してくるコメントには低評価を連発した。

目が覚めたのは2か月後だ。かつて働いていた職業を巡る話題で、インフルエンサーが的外れな批判をしていると感じ、信用できなくなった。自分も真偽不明の情報をもとに、批判していたのではないか――。そう考え直した。

「普段なら気にならない意見にもムキになり、どんどん偏っていった。異常だった」

近年の海外の研究によると、強いエコーチェンバーに陥った集団は、対立する考えに触れても自らの意見が修正されることはなく、むしろ攻撃的になるという。最終的には対話する意思も失い、暴力の代わりに容赦のない言葉を浴びせるようになる。

〈うるせーな〉

〈早く死ね！〉

東日本に住む60歳代の男性は数年前、Xで毎晩のようにそんな発言を繰り返していた。矛先は政治的な主張が異なるグループ。「相手の存在を否定するしかなくなった」と振り返る。

その頃、ネット上では在日外国人へのヘイトスピーチを巡る問題が盛んに議論されていた。排斥運動に反対だった男性は、自分と似た考えを持つ人ばかりをフォロー。当初は、対立する相手からの批判には穏やかに返信していた。

会社では管理職を任されており、仕事の多さや部下の扱いにストレスを抱えていた。深夜に単身赴任中の自宅に帰ると、酒をあおりながら、Xを見るのが習慣になっていた。

外国人差別を助長するような相手の主張には到底納得できない。しかし、何を言っても議論は平行線のまま。「サヨク」「売国奴」と罵倒され、ストレスに酒の力も加わり、頭に血が上った。次第に相手の人格を否定する投稿を繰り返すようになった。その投稿が会社に知られ、男性は退職に追い込まれた。「もう思い出したくもない。否定と否定がぶつかり合い、感情が暴走していた」。

かつて攻撃的な投稿をしていた大阪府内に住む40歳代の男性会社員は、当時の心の動きを「インフルエンサーに自分を認めてもらいたかった」と説明する。

この男性は20年11月、米大統領選を巡るXなどの投稿を見るうちに陰謀論にはまり、中でも10万人のフォロワーを持つインフルエンサーに傾倒した。

過激な発信で同調したり、批判する相手に謝罪を要求したりするたび、インフルエンサーは「いいね」を付け、自分の主張を拡散してくれた。「認めてもらえてうれしかったし、仲間に対し優越感を得られた」。

今は陰謀論を抜け出した男性はこう振り返る。

「エコーチェンバーが起きている集団はカルト宗教のようなもので、インフルエンサーは教祖にあたる。信者は教祖を否定されたら怒る。攻撃的になったのはそんな感覚だった」

混沌をより深める「アドフラウド」

人々の関心を奪い、広告を閲覧させることで収益化を図る「アテンション・エコノミー」が支配するデジタル空間。広告収入を求めて多くの人たちが過激な情報を発信し、情

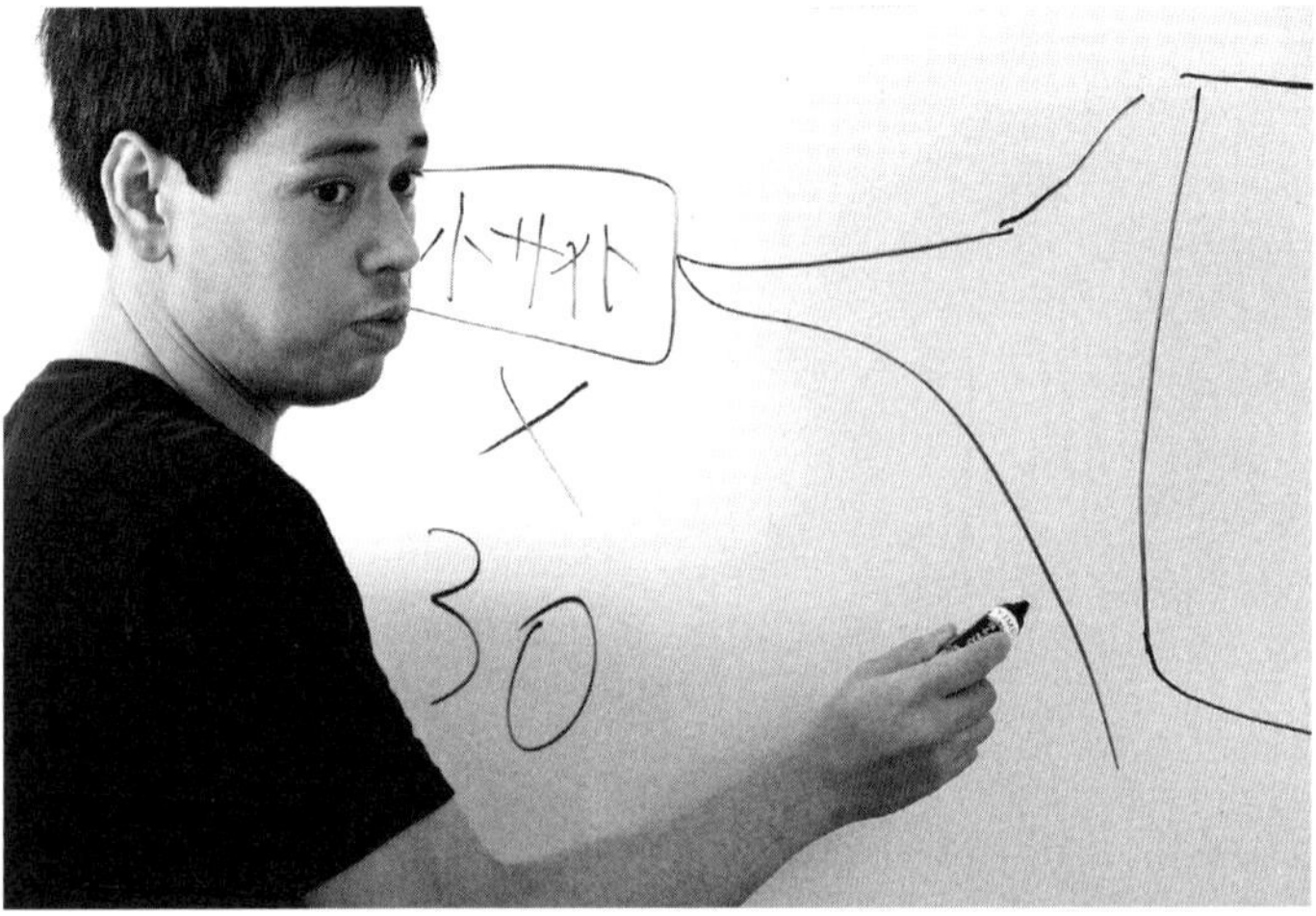

ホワイトボードを使い「アドフラウド」の仕組みを説明する星野路実氏

報の洪水が起きている。その中で、「アドフラウド（広告詐欺）」と呼ばれる手口が注目される事件が起きた。

「漫画村」――。２０１６～18年に運営され、約7万冊分をネット上に無断で掲載し、月間アクセス数は最大１億回に上ったとされる海賊版サイトだ。作者や出版社に約３２００億円もの被害を与えたと推計される。運営者の星野路実《ろみ》氏（31）は著作権法違反などに問われ、懲役3年と罰金１０００万円などの判決が確定した。

「ネット広告は抜け穴だらけ。稼ぐ方法は腐るほどある」。星野氏が口を開いた。

ネット広告の大半は、無数にあるサイトの中から、自動的に掲載先が決まる「運用型」だ。様々なサイトに幅広く配信できるため、広告効果が高いとされる一方、広告主が知らないところで、違法サイトに掲載されてしまう欠点もある。

漫画村に当初、多くの大手企業の広告が掲載されていたのは、こうした事情によるものだ。だが、広告主とサイトを仲介するプラットフォーム（ＰＦ）事業者が対策を取り始めると、漫画村に広告は配信されにくくなり、収入は激減した。

星野氏が17年夏頃、知り合いの広告会社の社員とのやり取りで思いついたのが、ダミーサイトを開設し、「ヤフー」を介して広告を誘導する手口だった。

ヤフーは国内有数のＰＦ事業者。国や自治体、大手企業を顧客としており、ヤフー経由で広告が出稿されれば、多額の収入が見込める。そのためには、ネット広告の仕組みの隙を突く仕掛けが必要だった。

「隠し広告」で不正に収益

星野氏は、不正に広告収入を得る「アドフラウド」の手口を語り続けた。

ヤフーは広告を配信するサイトに違法性がないか審査している。２０１７年当時、漫画村の存在はすでに問題視され、審査が通る可能性はゼロだった。

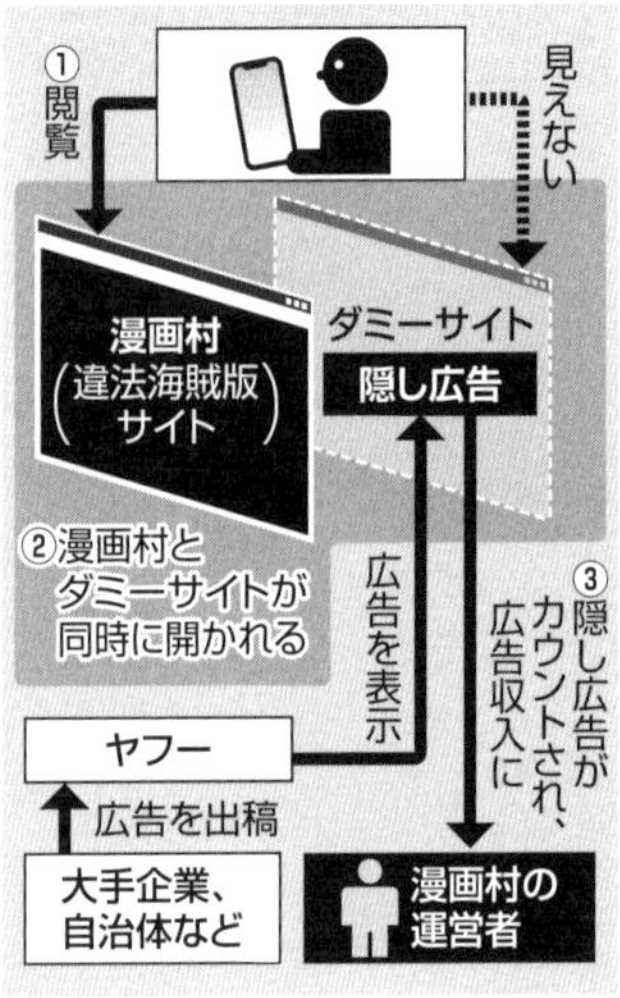

「漫画村」による隠し広告の手口のイメージ

星野氏は「出版社は血眼になって漫画村を監視していた。だから、広告が掲載されると、すぐにPF側に連絡が行き、停止される状況だった」と語る。

そこで、「隠し広告」と呼ばれる手口を考え出した。

まず、ヤフーからの広告の受け皿として、ゲーム関連の記事をまとめたダミーサイトを作り、漫画村のサイトと「連結」させる。すると、ネット利用者が漫画村のサイトを開いたとき、ダミーサイトも同時に立ち上がるようになる。

ただし、ダミーサイトの大きさは「0」に設定した。そのため、ネット利用者が漫画村のサイトを開いても、ダミーサイトは一切見えない。しかし、システム上、ダミーサイトは開かれていることになるので、そこに掲載された広告も利用者が閲覧したとカウントされ、サイト開設者は広告収入を得ることができる――。

漫画村が閉鎖に追い込まれたのは18年4月。星野氏は「それまでの収益は数億円に上った」と語る。

ヤフーは事後調査で不正を把握した。同社の広報担当者は「配信した広告に異常があれば、検知できるようにしていたが、当時のシステムでは検知されない手法だった」と説明する。同社は事件後、異常な広告配信を見つけ出すシステムを強化。23年度に事前検知した無効なクリックなどは、広告費に換算すると約３０２億円相当に上るという。

後を絶たない悪質サイト

広告収入が目的とみられる不正サイトは次々と生まれている。悪質なサイトに広告が掲載されれば、出稿した広告主は、「サイトを支援している」と見られかねない。

X上には、類似のリンクが張られた投稿が大量にある。「ナイト系スパム」と呼ばれるもので、２０２２年7月頃から拡散されていた。

リンク先のサイトには、話題のニュースの見出しが並び、それぞれ新聞記事をコピーして貼り付けたような文章や、テレビ番組の一場面を切り抜いた画像が大量に掲載されていた。

読売新聞の取材班が、記事を製作した新聞社やテレビ局に問い合わせると、無断で使用されたものとわかった。

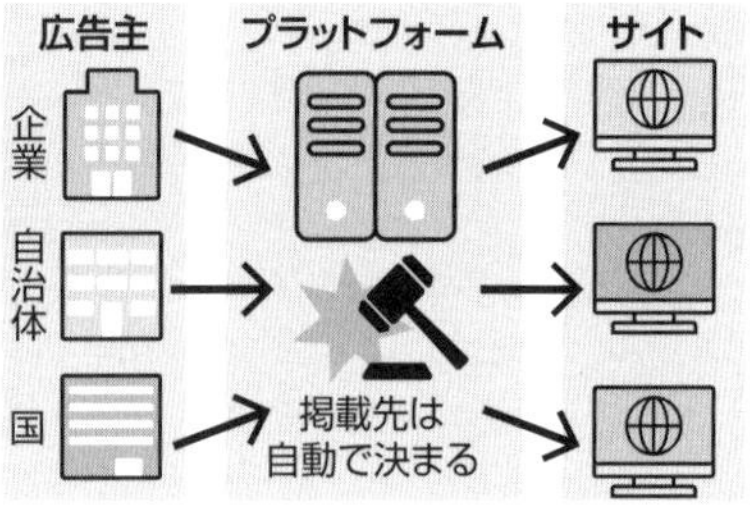

▼運用型広告の仕組み

サイトには、ワコールやリクルート、ＡＮＡといった大企業のほか、長野県や鳥取県など自治体の広告が表示されていた。アドフラウド対策を手がける企業「スパイダーラボズ」（東京）が調査したところ、ネットに配信した広告の20％以上がこれらの関連サイトに掲載されていた大手企業もあった。

取材班が広告掲載を確認した約40の企業や自治体はいずれも「運用型」を採用し、著作権侵害の疑いがあるサイトに広告が掲載されていることを把握していなかった。

「ブランドイメージが毀損される。対策を検討したい」。ワコールの担当者は困惑した様子でそう語り、長野県も「公金が違法な活動の収益になることは避けなければならないが、意図せず広告が出てしまった」と釈明した。

取材後、少なくとも10以上の広告主が出稿を取りやめたほか、同サイトへの広告掲載の仲介が確認できたＰＦ事業者のうち、グーグルを除く２社がサイトとの契約を解除することを明らかにした。

広告主の支払った広告費はサイトの運営者に流れた可能性が高い。セキュリティー専門家「レトロ」氏が調査したところ、同様のサイトは１００件以上あり、中国河北省に拠点を置くＩＴ企業が関与している可能性が浮かんだ。この会社に取材を申し込んだが、同社は応じなかった。

この数年、ネット広告は膨張し続けている。広告大手「電通」によると、２０２２年の国内の総広告費７兆１０２１億円のうち、ネット広告費は43％にあたる３兆９１２億円を占め、19年に初めて２兆円を超えてからわずか３年で約１兆円伸長した。主流は運用型で全体の85％を占めており、アドフラウドや、ブランド毀損の問題が起きる背景になっている。

ネット広告界を支配するのは、サービス基盤を提供するグーグルやメタ（旧フェイスブック）といった巨大ＰＦ企業だ。

関西大学の水谷瑛嗣郎《えいじろう》准教授（メディア法）は「市場の健全化には、広告手数料で莫大《ばくだい》な利益を上げるプラットフォームが透明性を高め、これまで以上に不正の排除に取り組むことが不可欠だ」と指摘する。

AIで作られるパブリックコメントの民意

「生成AI（人工知能）の利用は、想定していなかった」。パブリックコメント（意見公募）制度を所管する総務省の担当者はそう振り返る。

2023年3月、内閣府などが実施した知的財産に関するパブコメ。メールで送られた約4000字の意見には、一部が対話型生成AI「チャットGPT」で作成されたことが記されていた。

AIでパブコメの意見を作ることは禁じられていない。総務省は「政策に反映させるかどうかは、各行政機関の受け止め方次第だ」とする。

パブコメを提出したのは、横浜で特許事務所を構える弁理士の鈴木健治氏（55）だ。

〈経営をデザインするって発想、カッコいいよね〉

担当者の目に留まる文章にするため、文案を作った上で、「若くてやんちゃなCEO（最高経営責任者）風に直して」とAIに指示した。すると、自分ではとても思いつかない表現の文章が出力された。

「立場を変えた文章が数秒で作成できたことに、悪用される危険性を感じた」

鈴木氏の懸念は空論ではない。そもそもパブコメで示される民意をでっち上げる行為は以前からある。17年に米連邦通信委員会が実施したパブコメでは、２２００万件のうち、８割以上が虚偽だった。19歳の大学生らが自動プログラムを使い、架空の名前や住所で大量の投稿をしたという。

こうした世論操作にＡＩを組み合わせれば、大量の意見をそれぞれ異なる表現で作ることも容易になる。

チャットＧＰＴを開発した米オープンＡＩは23年１月に発表した報告書で、自ら「世論に影響を与えようとする人々が、より説得力の高いキャンペーンをするかもしれない」と明記した。

桜美林大学の平《たいら》和博教授（メディア論）は警告する。「民意を捏造する行為はＡＩによって、より大規模で安価に、そして巧妙に行われるだろう」。

口コミのレビューもＡＩ製

生成ＡＩの拡大により、誰もが簡単に「フェイク（偽物）」を作れる時代となった。デジタル空間におけるフェイクの「量」が急増し、真実を覆い隠そうとしている。

〈赤ちゃんにぴったり。おすすめです〉

埼玉県内の40歳代の男性会社員は２０２３年７月、全く使ったことがない乳児向け玩具の口コミを生成ＡＩで作り、通販サイトに投稿した。

出品企業から報酬を受け取り、商品を使用していないのに高評価を与える「やらせ口コミ」だ。出品者側は景品表示法に抵触する恐れがある行為だが、男性は約５年前に投稿を始め、１日10件以上書くこともあった。

ただ、以前から「文面を作るのが面倒だ」と思っていた。そこで思いついたのがＡＩの使用。商品紹介のホームページの情報を読み込ませ、「良好なレビュー（評価）を書いて」と指示すると、瞬時に約２００字の文章が作り出された。

男性は「生成ＡＩは当たり障りのない口コミを簡単に作ってくれる」と悪びれずに話す。

こうした動きは、急速に広がっていると指摘される。

不正口コミを判定するサイト「サクラチェッカー」の運営者は23年春、異変に気づいた。「この」「また」「さらに」という言葉が多く含まれ、論文のように理路整然と説明する口コミが増えたのだ。分析を進めるうち、生成ＡＩによる文章の特徴だと疑った。そうした口コミは数百件に上った。

運営者は言う。「ＡＩ製の口コミはどんどん増えていくだろう。それらが『やらせ』に使われた場合、ネット上の口コミの信頼性は揺るぎかねない」。

女児の性的画像を生成

生成ＡＩが生み出すフェイクは、「リアル（本物）」と見分けがつかない精巧さを持つ。デジタル空間では、偽情報の「量」が増えるとともに、「質」も高まる二重の危機が起きている。

「自分ではこのクオリティーのイラストは描けない。大満足だ」。関東地方に住む30歳代の男性会社員はそう明かす。

２０２２年末からＡＩで作り始めたのは、女児の性的画像だ。目的は「趣味」と言い切る。これまで国内の企業が運営するイラスト投稿サイト「ｐｉｘｉｖ（ピクシブ）」に約４００枚を投稿した。

同サイトの検索窓に「女児」を指す俗語を入力すると、胸や局部があらわになった子どもの画像が無数に表示される。その中にはＡＩで作成された本物の児童ポルノと見まがうものも含まれている。

運営会社は23年5月に規約を改定し、本物と間違われる可能性がある児童の性的画像も投稿禁止の対象とした。

しかし、その後も投稿は続き、英BBCは23年6月下旬、pixivを名指しした上で「小児性愛者らが、AIを利用して実物そっくりの児童性虐待の画像を作成している」と報じた。

法務省によると、児童ポルノ禁止法は画像に写った児童が実在することが構成要件だ。AIが出力した画像が規制対象にあたるかどうかは、最終的に裁判所の判断に委ねられる。

一方、甲南大学の園田寿《ひさし》名誉教授（刑法）は、「AI画像が氾濫すれば、本物の児童ポルノが埋もれてしまい、被害児童の救済ができなくなる恐れがある」と懸念する。「既存の法規制だけではAIがもたらす問題には対応できない。早急な議論が必要だ」と訴える。

アルゴリズムは分断を広げない？

利用者の好みに合う情報をスマホに表示させるアルゴリズム（計算方法）は、似たような考えに包まれる「フィルターバブル」を生み、社会の分断を広げる。これがデジタル空間の「通説」だ。しかし2023年7月、これを覆す可能性がある論文が発表された。

〈SNSで、自分と違う意見に接する機会が増えても、政治的な主張はほとんど変わらな

い〉

論文は、フェイスブック（ＦＢ）を運営する米メタが資金を投じ、外部の研究者が調べたものだ。20年米大統領選前後の同年９〜12月、ＦＢとインスタグラムの利用者計約４万人に調査を実施。その間、対象者のアルゴリズムを停止し、好みの情報ばかりを表示させないようにした。

その結果、ユーザーの利用時間は大幅に減少。多くの利用者を引き留め、広告収入を増やすビジネスモデルにアルゴリズムが大きく関わっていることを裏付けた形となった。

一方で、ユーザーの政治的主張には大きな変化はなかったと結論づけた。この論文の解釈を巡って、メタと執筆した研究者らとの間ですれ違いが起きている。

「（ＦＢの）主要な機能が有害な分断を引き起こす証拠はほとんどないことを示した」。論文が発表されたその日、メタのニック・クレッグ社長（元英副首相）はそう述べ、「画期的な研究だ」とたたえた。

一方、研究陣のリーダーである米ニューヨーク大学のジョシュア・タッカー教授は読売新聞の取材に、「ＦＢが政治的偏向を引き起こさないことを決定的に示すものではない」と語る。調査が別の時期や他国で行われた場合、違う結果が出た可能性があると強調する。

「メタは自分たちに都合がいい発表をした」。論文発表の翌日、英ケンブリッジ大学で講演した元社員のフランシス・ハウゲン氏はそうメタを批判した。

ハウゲン氏は21年10月、米議会公聴会で、ＦＢが社会の分断をあおったと告発している。

「この調査でアルゴリズムが無罪と結論づけるなら、問題を矮小化《わいしょう》化している」と語気を強めた。

ＦＢ社を内部告発

２０１４年、病気を患い、歩けなくなった。支えになったのはリハビリに付き添ってくれた友人の存在だ。心を通じ合っていた彼が突然、変わった。

「ユダヤ系投資家が暴力革命家に資金提供している」「選挙の票が盗まれた」――。陰謀論を口にするようになり、会話が成立しなくなった。

偏った情報を「おすすめ」するＳＮＳのアルゴリズムやネット掲示板の影響だと思った。フェイスブックを運営する米ＦＢ社（現メタ）を内部告発した元社員フランシス・ハウゲン氏の転機となった出来事だ。

もともとアルゴリズムの専門家だったが、その危険性にさらに関心を持った。「過激化する友人を目の当たりにし、どれだけ傷ついたことか……。同じような被害を防ぐ手助けがしたいと思った」

19年にFB社に入るとき、偽情報や陰謀論、ヘイトスピーチの拡散を防止するチームへの配属を希望した。

働き始めると、すぐに有害な投稿が横行していることに気づいた。特に監視の目が行き届かない非英語圏のFBでは、人身売買や、自殺を幇助《ほうじょ》するやりとりが野放しになっていてショックを受けた。

ただ、FB社が何とか対応を進めようとしているとも感じた。ハウゲン氏が加わったチームへの投資は続けられ、体制は約300人を擁したからだ。

だが、FB社は20年11月の米大統領選直後にチームを解散させる。同社は「より大きな部門に統合しただけ」とするが、ハウゲン氏の目には「変化することへの意志を失った」と映った。

民主主義を揺るがす事件が起きたのは、その2か月後だ。共和党のトランプ前大統領を支持する群衆が米連邦議会を占拠したのだ。FBで「選挙不正があった」とする主張が拡散されたことが原因の一つとされる。

ハウゲン氏は内部告発に踏み切り、米紙に2万2000ページの内部資料を提供。21年10月には、米議会公聴会で「FB社は利用者の安全より自社の利益を優先している」と証言した。これに対し、ＦＢ社のマーク・ザッカーバーグＣＥＯ（最高経営責任者）は自身のＦＢで「利用者の幸せを考え、ＦＢの利用時間が減ることを覚悟で仕様を変えたこともある」と反論した。

世界の注目を集めた告発から2年。ハウゲン氏は現在のデジタル空間をどう見ているのか。

改善に向けた一歩として、23年8月、欧州連合（ＥＵ）で「デジタルサービス法」による規制が始まったことを挙げる。メタやXなどＰＦ事業者に、偽情報の拡散防止やアルゴリズムの透明性を高めることを求めたものだ。

一方、急速に普及が進む生成ＡＩ（人工知能）の開発企業に対しては、ＰＦ事業者と同様に「透明性がない」と指摘する。解決策を尋ねると、「これらの企業が安全対策に投資するための社会的な動機付けが必要だ」と語った。

健全化より利益を優先するＰＦ事業者

デジタル空間の健全化を二の次にするＰＦの姿勢は、２０２２年後半から23年春にかけて行われた大規模な人員削減にも表れている。

「偽情報やヘイトスピーチが増え、憎しみに満ちた空間になった」。X社で有害投稿に対応する部署にいた米カリフォルニア州のメリッサ・イングル氏（49）はそう話す。イングル氏は22年11月、米起業家のイーロン・マスク氏による買収直後に解雇された。同じ部署の従業員も8割が減らされたという。

有害投稿はＡＩと人が監視していたが、監視部門の人員が削減され、自動化が進んだ。マスク氏は自身の投稿で「我々は偽情報との戦いにおいて優れた仕事をしている」と主張しているが、イングル氏は「最新のＡＩでも偽情報を正確に検知することは難しい。人の目が必要なのに、それができていない」と訴える。

国内でも有害投稿の広がりは深刻だ。総務省の「違法・有害情報相談センター」には22年度、５７４５件の相談が寄せられ、10年前の2倍超に上った。

デジタル空間の健全化に向けて議論を進める同省の有識者会議「ＰＦサービスに関する研究会」（座長・宍戸《ししど》常寿《じょうじ》東京大学教授）は、表現の自由を尊重する立場から政府の介入には慎重で、ＰＦ事業者の自主性に委ねるのが基本的な考え方だ。

だが、メタやX、グーグルは、同研究会のヒアリングに対し、日本国内で削除を受け付ける部署の体制や、不適切な投稿をした人の情報を開示した件数は答えなかった。研究会は22年8月の報告書で「（ＰＦ事業者の）透明性や説明責任の確保は不十分」と指摘した。

宍戸教授は「ＰＦの透明性を高めるには、何らかの制度的枠組みが必要だ」と語る。ただ、その前提として「日本がＰＦにどう向き合うか真剣に考えなくてはならない」と強調した。

第4章

操られる民意

安倍氏らの偽動画をネットに投稿している兵庫県の男性。安倍氏の似顔絵が入ったうちわを自作し、追悼行事に赴いた

SNSで呼応し、追悼行事を妨害

「押さえろ、押さえろ」

２０２３年７月８日、奈良市の近鉄大和西大寺駅近く。安倍晋三元首相の銃撃事件から1年を迎え、厳かに開かれていた追悼行事が、にわかに騒然となった。

「日教組、日教組！」。生前の安倍氏のヤジをまねながら、銃のようなものを振り上げる20歳代の男。警戒に当たっていた自民党員らが、地面にねじ伏せる。奈良県警に軽犯罪法違反（儀式妨害）容疑で現行犯逮捕された。

すぐ横には、兵庫県の男性（25）がいた。手には、安倍氏の似顔絵を面白おかしく描いた自作のうちわ。警察官ともみ合いになって任意同行を求められたが、振り切った。

騒動の引き金になったのは、この男性のSNSだ。

男性は1年ほど前から、生成AI（人工知能）で安倍氏の偽動画を作り、定期的に投稿している。ネット上にある安倍氏の演説動画などを学習させ、AIでいとも簡単に偽音声を作り出す。

偽動画はいずれも、世界平和統一家庭連合（旧統一教会）との関係や過去の政策をあざける内容だ。男性は「パロディーだ」とするが、「安倍氏への怒りを喚起し、世論を導きたい」と語る。ユーチューブのチャンネル登録者は約2800人、X（旧ツイッター）のフォロワーは約6300人。男性と同様、安倍氏に批判的な人が大半だ。

〈7月8日、大和西大寺オフ会〉。Xのフォロワーらの間で、誰からともなく提案があった。SNSで知り合った人と現実世界で会うオフ会。目的は、安倍氏の追悼行事を妨害することだ。兵庫の男性を含む4人が集まり、逮捕者まで出す騒動を起こした。

SNSで呼応して思想を先鋭化させ、集団で実力行使に出る——。ブラジルや米国での議会襲撃事件のように、民主主義を脅かす危機が日本でも現実味を帯び始めている。脅威を高める「武器」となっているのが、生成AIだ。

政治家を憎んで偽動画を投稿

政治家の偽動画が生成AIで簡単に作られ、日本でも拡散し始めた。

安倍氏らの偽動画を定期的に投稿している兵庫県の男性（25）は、日々の食事にも困るような幼少期を過ごした。高校生の頃から自民党政権に批判的な考えを持つようになり、安倍氏に対し、「富裕層を優遇し、国民を圧迫している」と一方的に憎悪を募らせた。

政治家を揶揄《やゆ》するのに、ＡＩの偽動画はうってつけだった。約１年前、岸田首相の偽動画を作った大阪府の男性（26）から作り方を教わり、安倍氏らの偽動画を投稿するようになった。

本人そっくりの偽音声で、特定の宗教団体とつながりがあるかのような発言をさせたり、下品な言葉を言わせたり、「政治家はネット上の音声が豊富。20〜30分の演説動画が１本でもあれば、十分な質の偽音声が作れる」と言う。

岸田首相や菅義偉前首相の偽動画も投稿すると、「面白い」と多くのコメントがついた。「彼らが嫌われている証しだ」と思い込み、安倍氏らの「偽発言」をスマートフォンで生成できるアプリまで作った。男性は「安倍氏のような政治家を二度と出してはいけない。私なりの啓発活動です」と言い切る。これからも偽動画の投稿をやめる考えはないという。

東京工業大学（現東京科学大学）の笹原和俊准教授（計算社会科学）は「過激で感情をかき立てる動画ほど、偏った考えが増幅される『エコーチェンバー』現象が起きやすい。男性らが安倍氏の追悼行事で騒動を起こし、その危険性があらわになった」とみる。

その上で「ＡＩ偽動画の怖さは、特定の人物の印象を簡単におとしめることができる点だ。憎悪をあおるように意図して作られた偽動画が選挙前に拡散すれば、投票行動がゆがめられかねない」と警告する。

偽動画は犯罪にも悪用されるリスクがある。

「動画を偽物だと疑ったり、見破ったりするのは不可能だ」。京都市に住む漫画家の井出智香恵さん（75）はそう話す。

ファンだった米ハリウッド俳優を名乗る人物から、フェイスブックにメッセージが来たのは２０１８年。やりとりを続け、同年７月にビデオ電話がかかってきた。画面に映ったのは、ファンの俳優そっくりの男性。手に持つタブレット端末には、井出さんの電子コミックが表示されていた。「君の作品を読んだよ」。「本人の声だ。本物だ」と信じ込んだ。

その後、何かと金を無心され、指定された口座に送金を続けた。気がつけば、総額数千万円に。娘から「ビデオ電話は偽動画では」と言われ、詐欺だと気づいたが、後の祭りだった。「ＡＩ技術が悪用されれば本当に恐ろしい」と実感している。

見抜く技術もＡＩで

ＡＩを悪用した偽の動画や画像にＡＩ技術で対抗する動きも出ている。

インスタグラムに投稿された画像。イスラエル国旗を掲げた建物のベランダから、大勢の人々が軍人の列に手を振っている。

東京大学発ベンチャーの「ナブラス」（東京）に、読売新聞が画像の真偽について調査を依頼したところ、ＡＩによる偽画像と判断された。戦時下の世論誘導に、利用された可能性がある。

同社は、画像の真偽をＡＩ技術で判別する技術を研究している。システムに大量のＡＩ画像を学習させ、その特徴を検知する仕組みを開発。画像生成の際に残るかすかなノイズ（画像の乱れ）の痕跡を、システムが見抜くのだ。

同社の鈴木都生《くにお》取締役（40）は「検知システムをすり抜けるＡＩ技術が次々生まれ、いたちごっこになっている」と実情を明かし、「悪質な偽画像を見逃さないよう、技術の更新を続ける」と語る。

海外では、偽動画を規制する法整備が進む。

米テキサス州では選挙候補者の偽動画の投稿を禁止。英国も２０２３年、「オンライン安全法」で偽ポルノ動画に対する取り締まりを強化した。欧州連合（ＥＵ）の欧州議会も23年、偽動画のリスクを踏まえたＡＩ法案を採択している。

一方、日本には、偽動画や偽画像を直接取り締まる法律はなく、具体的なルール整備も進んでいない。

中央大学の小向太郎教授（情報法）は「有害情報への対処方法の検討や報告を、政府としてPF事業者に求めるなど、対策について本腰を入れた議論が必要だ」と訴える。

「ハワイ火災」を巡る不審な投稿

SNSの普及やデジタル技術の向上を背景に、偏った情報を広げ、民意を操ろうとする動きが加速している。

〈ハワイ火災には大きな陰謀がある〉

国内最大級のブログ「アメーバブログ(アメブロ)」で2023年8月、そんなタイトルの投稿が一斉に始まった。

「ハワイ火災」とは、米ハワイ州で同月8日に発生し、約1000人が死亡した山火事のことだ。原因を〈米軍が行った『気象兵器』攻撃実験〉と断じ、〈米軍は研究開発に巨額の資金を投じた〉などと約2000字にわたって訴えていた。

山火事の原因は確定していない。しかし、米軍が人為的に引き起こしたという証拠は一切ない。読売新聞が、投稿したユーザーアカウント群を分析すると、日常的にアメブロを利用するユーザーにはない、不自然な特徴が見つかった。

同月16日以降、日本語のタイトルで「ハワイ火災」を巡る偽情報を流していたアカウントは計１３９確認された。うち65はこの１本しか投稿しておらず、残る74は、東京電力福島第一原発の「処理水」海洋放出を巡る日本政府の対応を批判する投稿なども行っていた。全１３９アカウントの６割超が、中国語用に設定された書体を使っていた。

プロフィルの顔画像について調査会社に鑑定を依頼したところ、複数の顔画像が生成ＡＩ製とみられることも分かった。

「ｐｉｘｉｖ」や「はてなブログ」「楽天ブログ」「ライブドアブログ」「ニコニコ動画」「ｎｏｔｅ」でも計29アカウントが同様の投稿をしており、国内の他のＰＦでも活動が確認された。

中国発の偽情報キャンペーン

「日本で広がった投稿は、中国による偽情報キャンペーンだ」。米調査機関「ニュースガード」アナリストのマクリナ・ワン氏はそう強調する。

ワン氏らは、海外事業者が運営するＸやフェイスブックなど計14のＰＦで、「ハワイ火災」を巡って同様の投稿をしているアカウントを発見した。言語の数は、中国語、英語、フランス語など計16に上るが、最初の投稿は中国のＰＦに中国語で行われていた。これらのアカウントは中国の国益に沿った発信だけを行い、中国語以外は機械翻訳されたような不自然さがあった。

読売新聞が２０２３年11月、国内７社のＰＦ事業者に取材を申し込んだところ、アメブロとピクシブ、はてなブログが投稿を削除。アメブロを運営するサイバーエージェント（東京）は「利用規約に違反していた」と理由を説明した。

ワン氏は、アメブロについて「確認したＰＦの中で、単一の言語で偽情報を広めたアカウント数が最も多かった」と述べ、「（投稿は）米国は悪の国だと日本の世論に働きかけ、日米関係にひびを入れようとする狙いがある」と指摘する。

「スパモフラージュ」――。ＰＦ上で、中国の国益に沿った主張を一斉に展開する組織的なキャンペーンはそう呼ばれる。英語の「スパム（迷惑）」と「カムフラージュ（偽装）」を組み合わせた造語だ。

動向を注視する「オーストラリア戦略政策研究所」アナリストのアルバート・チャン氏によると、活動は17年頃から始まった。当初は香港の民主化デモなど中国の国内問題に焦点を当て、限られたＰＦで中国語や英語で発信していた。だが、22年頃から多言語化し、日本を含む多くのＰＦで確認されるようになった。

アカウントのプロフィル欄の顔画像をＡＩで作成している点も特徴だ。

中国発を含め、メタが世論操作をしていると認定したアカウントで、ＡＩによるプロフィル写真の作成は増加している。19年は数％だったが、22年は70％近くに上った。実在する人物による投稿を装い、信頼性を高めるのが狙いとみられる。

現時点では、スパモフラージュの手口は洗練されておらず、影響力は限定的だ。だが、野放しにしておけば、選挙や大災害、そして戦争が起きたときに一斉に偽情報が投稿され、一般ユーザーが信じ込んでしまう事態が懸念される。メタやグーグルなどが関連アカウントを相次いで削除する背景には、こうした危機感がある。

チャン氏は語る。「行動を起こさないＰＦは格好のターゲットになる。日本のＰＦは対策を急ぐ必要がある」。

中国のテレビ局の取材が歪曲されて

中国発とみられる偽情報キャンペーンは、２０２３年８月に行われた東京電力福島第一原発の「処理水」海洋放出の際も確認された。

〈福島県の農業生産は原発事故前の２割にも回復していない〉〈核汚染水が海に放出されれば、農業や漁業は厳しい状況になる〉

海洋放出に批判的な投稿の多くに引用された「福島の地元新聞記者の藤倉栄一さん」の発言だ。その談話はアメブロで、「ハワイ火災」に関する偽情報を投稿したアカウントも引用していた。

「藤倉さん」は実在するのか――。福島県内の主要地元紙に確認したところ、「そんな名前の記者はいない」と回答があった。だが、取材を進めると、県内の市民団体「県革新懇」の藤倉英一《ひでかず》事務室長を指すとみられることが分かった。

「中国のテレビ局に取材で答えた内容が広がったのだろう」。投稿内容を示すと、藤倉氏はそう答えた。

だが、「農業生産は事故前の2割」「核汚染水」との発言が書かれていた点について、「そんなことは言っていない」と否定。実際、県の農業産出額は事故前の8、9割まで回復している。さらに藤倉氏は普段から風評被害を招かないために「処理水」と呼ぶように心がけている。

中国語のサイトを調べると、藤倉氏が取材に答える映像を確認することができた。そこでは確かに「事故前の2割」「核汚染水」といった発言はない。誰が歪曲《わいきょく》したのか。藤倉氏は「海洋放出の中止を求めているが、こういう情報が広がれば国民の分断を招く。心外だ」と憤る。

処理水を巡っては、ネット上に多くの偽情報が飛び交った。魚介類が巨大化したように見せる生成ＡＩ製の画像や、「放射能濃度が基準を超えた」といったデマ、低濃度汚染水の浄化水を飲んだ元政治家が死亡したとする偽情報などだ。

だが、笹川平和財団の大澤淳特別研究員によると、中国での批判運動が過熱すると、中国のＳＮＳでは関連投稿が急減したという。大沢研究員は「『対応が手ぬるい』と批判の矛先が共産党に向かう恐れがあり、当局がＳＮＳを抑制したのだろう。発信も含め、当局が一定程度、グリップを利かせたキャンペーンだった」とみる。

日本よりも大規模に中国からの偽情報の脅威にさらされてきたのが台湾だ。

「中国は自国に有利な状況を作るために労を惜しまない」。東京都内で23年11月に開かれた国際会議で、台湾のサイバーセキュリティー企業「ＴｅａｍＴ５」の調査員チェ・チャン氏はそう訴えた。

講演では、巧妙化する手口の一端も明かされた。最近増えているのが、スクリーンショットで保存した投稿画面を拡散させる手法だ。ＰＦ側のキーワード検知で投稿が削除されることを免れるためとみられる。

台湾と中国では漢字の字体が異なる。しかしチャン氏はこう語る。「ＡＩが進歩すれば、言語の壁を易々《やすやす》と乗り越え、我々の社会に偽情報を送り込んでくるだろう。中国は執拗だ」。

インドの速報、偽画像が情報源

「ペンタゴン（米国防総省）の近くで爆発があったということです」

インドのニュース番組で、アナウンサーが緊迫した声で伝えた。インド時間の2023年5月22日午後7時44分。「速報」とテロップが入った画面は、ペンタゴン近くで激しく黒煙が噴き上がる様子を映していた。電話出演した国際政治学者マダブ・ナラパット氏は「米国は爆発物であふれている」と解説を始めた。

それから約1時間後。ニュース番組を放送したテレビ局「リパブリック」は、Xの公式アカウントで「速報を撤回した」と投稿した。速報は、ロシア国営の国際放送「RT」の配信を引用したものだった。だが、RTが情報源としていたSNS上の画像は、生成AI製とみられる偽画像だったのだ。

ナラパット氏が出演したのは、RTが配信した直後だった。取材班はリパブリックにも取材を申し込んだが返信はなかった。

インドでは、リパブリックを含む複数のメディアが、この偽画像をもとに、誤った速報を流している。インドでファクトチェックに取り組むカリム・アーメドさん（24）は、インドメディアについて「速報を出すことに躍起になっていて、事実確認がおざなりだ」と指摘する。

ＳＮＳ上の偽情報を一部メディアが報じることで、たとえ裏付けがなくても「信頼性」が加わり、さらに広がっていく。こうした構造により、一つの投稿が大きな波となり世論に影響を与えることが懸念されている。

拡散装置としてのまとめサイト

〈ＮＡＴＯ軍、日本に駐屯を検討〉。２０２３年5月、こんなタイトルの情報がネット掲示板に投稿され、瞬く間に10を超える「まとめサイト」に転載された。

しかし、タイトルと本文の中身は全く違っていた。

タイトルだけを読めば、ロシアと対峙《たいじ》するＮＡＴＯ（北大西洋条約機構）が日本に部隊を配備するように見える。だが、日本の通信社の記事を引用した本文は、「ＮＡＴＯが連絡事務所を開設する方向で検討を進めている」という内容にとどまる。

まとめサイトを見た東京都内の40歳代男性は、「中国がイライラしそうなタイトル。面白そうなので拡散した」と話した。ネットでは〈着々と戦争の準備だね〉〈日本も戦場にする気なのか〉などと投稿が相次いだ。

ネット掲示板やSNSなどの情報を拾い集め、紹介するまとめサイトは、「ソーシャルメディア」と「マスメディア」の間にあるものとして「ミドルメディア」と呼ばれる。「NATO軍」の記事のケースのように、偽情報を拡散する「装置」となることも多い。

まとめサイトは、どれほどの閲覧数があるのか。

この偽情報を発信したサイトの分析を民間調査会社「シミラーウェブ」に依頼すると、23年5月の1か月間に318万アクセスを超えるサイトもあることが判明した。

さらに、セキュリティー専門家「レトロ」氏とともに、運営者を捜した。ネット上の住所に当たるドメイン取得者の特定は難航したが、約3週間かけて運営者の一人を突き止めた。

運営者は関西在住の20歳代の男性だった。月間計約80万アクセスがある二つのまとめサイトを運営。1日5～6時間、ネット掲示板の話題を集め、自分のまとめサイトに載せている。話題を選ぶ基準は「面白いと思ったもの」と言う。

目的は広告収入だ。月に6万～7万円を得ている。「NATO軍」の偽情報をネット掲示板から転載した経緯を聞くと、「タイトルは『そのままでも大丈夫』と軽く考えていた。

迷惑をかけて申し訳ない」と反省し、記事を削除した。

フィードバックループ

一部のマスメディアが、偽情報の増幅に加担してしまったケースは他にもある。

〈米国がウクライナで『日本の７３１部隊似』の研究　露通信社報じる〉

２０２２年3月、中日スポーツはこんな記事を国内最大級のポータルサイト「ヤフーニュース」に配信した。情報源はロシア国営通信社「スプートニク」。同国のプロパガンダを広めているとして、欧州連合（ＥＵ）が配信禁止措置を取っているメディアだ。

ＳＮＳで話題になっていたスプートニク日本語版の記事について、中日スポーツは、取材で確認せず転載していた。すぐに社内から「不適切だ」と指摘され、記事を削除した。

同紙は19年からヤフーニュースに記事を配信しており、同紙幹部は「スポーツ紙の主戦場となっている」と明かす。トップ記事「トピックス」（ヤフトピ）に掲載されれば、閲覧数が増えて広告収入につながる。求められるのは、記事配信のスピードと量だ。

「ヤフトピ掲載を巡る競争は激しく、様々な問題が起きている」。同紙幹部は記事の確認がおろそかになった背景をこう語る。

同紙はその後、記者に対し、不確かな情報は、複数の情報源に当たることなどを改めて徹底した。

「ソーシャル」「ミドル」「マス」の間で情報が循環していく仕組みは「フィードバックループ」と呼ばれる。その輪の中では、確認が不十分なまま偽情報が転載され、人々の注目を引くために誇張された情報が増幅されることがある。

法政大学の藤代裕之教授（メディア論）の研究室は、若者向けの啓発活動に取り組む。記事の閲覧数を稼ぐために、ミドルメディアではどのようにタイトルが付けられているか考えてもらうワークショップを企画している。

研究室に所属する社会学部4年内田響さん（21）は「注目を集めるために、いかに事実と無関係で扇情的なタイトルがつけられているか。あえて体験することで、そのことを知ってほしい」と話す。

不安・怒りをあおる「物語」

「精神的なもろさを持った米国人をターゲットに、人種的な偏見を増幅させるような情報を送りつけていた」。２０１８年5月16日、米議会の公聴会。英データ分析会社「ケンブリッジ・アナリティカ」（ＣＡ・破綻）で研究部長だったクリストファー・ワイリーさん（34）は緊張した面持ちで証言した。

ＣＡは16年の米大統領選で、トランプ陣営の選挙コンサルタントを務め、投票行動を操ったとされる。ワイリーさんは14年までＣＡに在籍し、ＳＮＳや心理学の知識を応用した世論誘導について研究。その手法を米議会などで内部告発した。

世論誘導をするために使ったのが、「ナラティブ」だ。「言説」「物語」を意味する。不正に入手した約８７００万人分のフェイスブックの個人情報を利用し、「移民が仕事を奪う」といった負の「ナラティブ」を流し、移民の排斥を主張したトランプ氏が当選するよう画策したとされる。

「人々の心を動かすのは、怒りや不安をあおるナラティブ。ＳＮＳで広めれば、人の行動はいとも簡単に変わり、政治や社会を変える力を持っている」。ワイリーさんは23年11月、読売新聞のオンライン取材に応じ、そう証言した。

ロシアのウクライナ侵略や、イスラエルとイスラム主義組織ハマスの軍事衝突を巡り、ＳＮＳ上では、自分たちに有利な言説や印象を広める「ナラティブ戦」が激しさを増している。「14年の頃は心理学者が時間をかけて作っていたナラティブを、今は生成ＡＩが、瞬時に何通りも作ることができる。より低コストで、より早く世論誘導ができる環境になり、民主主義への脅威は大きくなっている」。ワイリーさんは、日本もその例外ではないと訴える。

人の心をハッキング

ワイリーさんがデータ分析の知識を生かし、CAの親会社だった英企業に入社したのは2013年。米英などの軍事心理戦を担う企業で、イスラム過激派の対策を練るのが仕事だった。心理学者と研究し、不安や怒りにかられやすい人が、SNS上の過激な投稿に影響を受けやすく、さらに情報を拡散させやすい傾向にあることを突き止めた。

「人の考えを誘導するには、ターゲットを絞り、不安や怒りをあおればいい。そうすれば、こちらが広めたい情報を勝手に拡散してくれる」。そう気づいた。

その後、後にトランプ陣営の選挙参謀になるスティーブン・バノン氏が加わり、CAが設立された。研究対象は米国の一般の人に広がる。米国人が何を考え、何に不満を抱いているか分かるデータを収集するよう指示が出た。バノン氏は「米国の政治や文化を変える」とよく口にしていたという。

ワイリーさんは心理学者らと米南東部を車で回り、インタビュー調査を重ねた。貧困層の白人男性たちは、メキシコなど隣国からの移民に職を奪われ、治安が悪化していると訴えていた。オバマ政権に批判的で、女性や有色人種の人たちが社会で活躍していることにも、不満や怒りをためていた。

世論の分断を図るため、心理学者が不安や怒りを喚起する負のナラティブを考えた。その典型が「壁を作れ！」だ。移民と白人男性との間に心理的な「壁」を作り、対立をあおる意図を込めたという。

研究者を通じて、フェイスブックの利用者やその友人の個人データや投稿内容などを収集して、ＡＩで性格別に分類。不満を抱え、社会に溶け込めない人たちを標的にして負のナラティブを流すと、怒りや不安をあおることができることを確認した。こうした内容を報告書にまとめ、バノン氏に提出した。

「壁を作れ」というナラティブは、トランプ陣営によって16年の大統領選で盛んに使われた。ワイリーさんは「最初は民主主義を守るために研究していたのに、それを壊すことに加担してしまった」と悔やみ、ＣＡを内部告発した。

ワイリーさんは今後、生成ＡＩによるナラティブが世界中の選挙で使われるとみる。日本も例外ではない。生成ＡＩは言語の壁も越えるからだ。

「ＡＩとＳＮＳ、ナラティブを組み合わせれば、人の心は簡単にハッキングできる」。ワイリーさんはそう話した上で、こう問いかけた。「日本は、周りにロシアや中国があり、地政学的に特殊な位置にある。年配の人は偽情報を信じやすいという調査もあり、高齢化が進む日本は選挙が操られることを防げるだろうか」。

不満抱く人を狙い撃ちに

「CAは、脳のメカニズムまで理解して、ナラティブに影響を受けやすい人たちを狙い撃ちにしていたのではないか」。東北大学の虫明《むしあけ》元《はじめ》教授（脳神経科学）は、そうみている。

虫明教授によると、人間の脳は、論理的な思考と感情的な思考をつかさどる部分がバランスをとっている。しかし、孤独や不安を感じると、このバランスが崩れ、CAが流したような負のナラティブに影響を受けやすくなり、論理的な思考が抑制されるという。

虫明教授は、「『他の視点もあるはず』という気づきの思考も働かず、例えば、米国の議会襲撃事件のような極端な行動に出てしまうこともある」と解説。「『他の意見もある』と常に考えることが大切だ。SNSの負の側面を理解し、判断力を養う教育が欠かせない」と指摘する。

早稲田大学の小林哲郎教授（世論研究）は2022年から、ロシアや中国などから想定される非民主的なナラティブに、日本人がどのような影響を受けるか研究している。18～79歳の日本人の男女2400人を対象に実施。新疆《しんきょう》ウイグル自治区の少数民族弾圧について、17歳の少女を主人公に、中国寄りのナラティブと、民主主義国家寄りのナラティブを提示したところ、中国寄りのナラティブに理解を示す割合が高まるという。

小林教授は、その要因を分析中で、「AIの発達もあり、日本人が受け入れやすいナラティブを作ることは容易になっている。ナラティブは影響工作として強力な手段で警戒が必要だ」と訴える。

処理水「偽情報」を迎撃

〈核汚染水を流した日本が、中国に輸出予定の2万匹の魚を台湾に転売した〉

2023年8月下旬、そんな中国語の偽情報がSNSで拡散した。NHKのニュース画像も添付され、西村経済産業大臣が記者会見で説明したかのように投稿されていた。

経産省は同年9月2日、この偽情報を打ち消す声明を出す。記者会見の動画が改ざんされたとし、「被災地の人々を大きく傷つけるものだ」と強く非難した。幹部は「大臣の画像を使った偽情報は影響が大きい。しっかり否定する必要があった」と語る。

政府が22年12月に改定した国家安全保障戦略は、「情報戦への対応能力を強化する」と定めた。内閣情報調査室が司令塔となり、外務・防衛省などが外国からの偽情報を積極的に収集し、明確に打ち消していく方針だ。

東京電力福島第一原発の処理水の放出を巡っては、他にも偽情報が流布した。〈日本が国際原子力機関（IAEA）に献金した〉〈（処理水の）放射能濃度が基準を超えた〉

外務省は23年6、8月、SNSに拡散していた偽情報を完全に否定する声明を出した。同省の石井秀明広報文化外交戦略課長は「日本が経験する初のSNSによる大規模な偽情報キャンペーンで、社会への警鐘となった」と振り返る。

防衛省は22年4月、国際情勢を分析し、偽情報対応などに当たる「グローバル戦略情報官」を設置。人工知能を使って公開情報やSNSを自動収集し、分析を強化している。

世界では、ロシアによるウクライナ侵略や、イスラエルとイスラム主義組織ハマスの戦闘を巡り、偽情報が飛び交っている。

初代情報官の村上優子氏は「認知領域を含む情報戦への対応が急務だ。AIによって偽情報が質、量ともに向上する中で、対策にも最新技術を取り込む必要がある」と語った。

政府は予算を増やし、対応を急ぐ。だが、ネット空間はすでに偽情報であふれている。

「政府だけでは対処しきれない。社会全体で手を打つ必要がある」。現場からはこんな声も漏れる。

ガザ画像の矛盾を指摘したオシント

公開情報を分析して真実に迫る「オープン・ソース・インテリジェンス（オシント）」。この手法を世界に広めたのが、民間調査機関「ベリングキャット」の創設者で英国人のエリオット・ヒギンズ氏だ。

炎で焼けた車両や、爆発に巻き込まれた患者を捜す人たち……。2023年10月17日、パレスチナ自治区ガザのアル・アハリ病院で爆発が起き、中東の衛星テレビ局アル・ジャジーラが「500人が死亡」と速報を流した。

イスラム主義組織ハマスは「イスラエル軍による空爆」と非難。イスラエル側は「（ハマスと連携する）ガザの武装組織のロケット弾によるものだ」と反論した。攻撃はどこの勢力が仕掛けたのか――。

ベリングキャットはすかさず動いた。SNSに投稿された多数の動画や画像を分析し、翌18日には〈ガザ病院爆発でできたとみられるくぼみを特定〉とする調査報告書を公表した。イスラエル軍が使用する爆弾の破壊力と比べ、爆発でできた穴が小さすぎると分析。イスラエル軍の空爆ではないことを示唆した。

国際人権団体ヒューマン・ライツ・ウォッチも独自の調査で、爆発がパレスチナ側の誤射である可能性を示した。

ヒギンズ氏は「大量の偽情報が出回る最悪の状況だからこそ、即座に反証し、証拠がある事実だけを伝えた」と語り、オシントの重要性を強調した。

国内でも、人工衛星やSNSの画像を分析する研究者がいる。ロシア情勢に詳しい、東京大学先端科学技術研究センターの小泉悠氏だ。

その手元に一枚の衛星画像がある。北方領土・択捉島《えとろふ》の露軍基地を撮影したものだ。22年2月にウクライナ侵略が始まる前、基地には地対空ミサイル「S300」が置かれていた。しかし同年秋以降、見あたらなくなった。

他の極東地域に配備されている対空ミサイルも次々に消えていた。小泉氏は「ウクライナ戦線に投入されたのだろう」と見る。

露軍は23年2月、択捉島周辺でS300の発射訓練を実施したと発表した。「極東方面でも戦力を維持しているとアピールするために偽情報を流した可能性がある」と分析する。

その小泉氏も生成AIの進化には懸念を示す。「偽画像が大量に出回った場合、オシントの手法が崩壊するかもしれない」。

オリジネーター・プロファイル技術

「ここをクリックすると、関連情報が出てきます」

オンラインの記事上に枠が現れ、新聞社名や報道指針などが表示された。記事には発信者情報が埋め込まれ、ＳＮＳに転載されても消えない。信頼性のある記事などを識別可能にするデジタル技術「オリジネーター・プロファイル」（ＯＰ）の特徴だ。

画面の動きを説明するのは「ＯＰ技術研究組合」の開発部門を率いる慶應義塾大学の鈴木茂哉特任教授ら。２０２３年７月から実証実験を始め、「第１段階の目標は達成した」と強調する。

ＯＰは、ＡＩが生み出す偽情報対策にも有効という。ＯＰ技術を生かしてＡＩ製の情報に目印を付け、受け手側が「ＡＩ製」と認識できるようにするイメージだ。

ＡＩが生成した誤りを含む情報を再びＡＩが学習することで、生み出される情報がどんどん劣化していくことが懸念される。しかし、この目印があれば、そうした再学習を防ぐことができるという。鈴木氏は「ＯＰは柔軟性が高く、応用範囲は想定よりも広い」と期待する。

報道機関など世界2000超の企業などが加盟する「CAI（コンテンツ認証イニシアチブ）」も、画像分野で同様の取り組みを進める。誰が撮影し、どう加工されたかなどの情報を画像に埋め込み、AIによる加工が行われても確認できるようにする。

CAI事務局を運営するソフトウェア大手「米アドビ」日本法人で、最高デジタル責任者を務める西山正一氏は「ネット空間にある情報の『来歴』を確認できる仕組みを社会全体で作ることが重要だ」と話す。

民意を操る情報から社会を守る特効薬はない。オシントやOP、情報リテラシーなど、あらゆる対策を実施していくことが求められている。

第5章 求められる規範

「インプ稼ぎができそうな動画を見つけたら日本人向けにアップしている」と語るナビード・アリ氏（パキスタン東部ラホールで）

姿を現した男

　チャーターした車はパキスタンの首都イスラマバードを出て、緑の多いのどかな田園地帯を走っていた。取材班が向かった先は東部ラホール。２０２４年の元日に発生した能登半島地震を巡り、X（旧ツイッター）に偽情報を投稿したナビード・アリ氏（39）に取材するためだ。

　アリ氏は津波の偽動画を流し、被災者になりすまして救助に関する投稿を繰り返していた。しかも、その数日後には「日本人のおかげで、こんなにも閲覧数を得られた」とうそぶく書き込みもしていた。Xでメッセージを送り、取材を申し込むと、意外にもすぐに「OK」と返信が来た。

　イスラマバードから5時間。ラホールの街に入ると風景は一変した。砂煙が舞い、バイクのクラクションが耳をつんざく。アリ氏の親戚の家で本人と向き合う。「なぜ、Xを始めたんですか？」。そう切り出した。

　24年1月1日。自宅にいたアリ氏がいつものようにスマホでXの投稿を眺めていると、現地語で〈日本〉〈地震〉という言葉が目に入った。黒々とした濁流が船や車をのみ込んでいく動画もあった。

「日本で大変なことが起きている」と思った。同時にそれらの投稿の閲覧数に目を奪われた。数十万回に上るものもある。「金もうけのチャンスだ」――。すぐに同じ濁流の動画を投稿した。ネットで見つけた倒壊家屋や土砂崩れの画像も拡散した。能登地震に関係があるか。それはどうでもよかった。

アリ氏は大学卒業後、18年間公務員を務めた。親族約10人で暮らし、生活は安定していたが、医師を目指す長男（16）のため、さらに稼ぐ必要があった。23年10月、新たなビジネスを起こして一獲千金を狙うため、公務員をやめた。

〈これからはXで生計が立てられるようになる〉

Xオーナーのイーロン・マスク氏がそう語る記事を読んだのはその頃だ。Xはこの年の夏、〈1〉500人以上にフォローされている〈2〉過去3か月間の投稿が500万回以上閲覧されている――などの条件を満たす利用者に、広告収益の分配を始めた。早速、アカウントを開設し、1日5回の礼拝や食事時間を除く6～7時間を投稿に費やすようになった。

当初は閲覧数が伸び悩んだ。だが、機械翻訳を駆使して能登地震に関わる投稿を始めると、すぐに360万回に達した。日本の1日あたりのX利用者は4000万人以上とされる。「友人から世界2位のXの市場と聞き、日本向けの発信を強めた」。やがて収益を受け取る権利を得た。

地震から1か月がたった2月1日。初めてXからお金が送られてきた。Xの決済システムはパキスタンでは使えないため、他国の銀行口座に振り込んでもらった。手にしたのは37ドル（約5600円）。パキスタンの平均年収は1600ドル程度だ。「もっと欲しい」と思った。

アリ氏が拡散した濁流の動画は、11年の東日本大震災時に撮影されたものだった。記者が追及すると「そんなことは知らない。私はインプレッションが欲しかっただけだ」と言い切った。「日本に申し訳ないことをしたと思う。しかし、これからも投稿を続け、お金をもうけたい」。

途上国からの偽情報が量産

「インプ稼ぎ」――。Xの仕様変更により、こう呼ばれる収益目的の投稿が増えている。発信する情報が真実か否かは度外視され、偽情報が量産される要因になっている。

読売新聞はXで、能登地震に関する偽情報を投稿していたアカウントのうち108件を収集した。63件のプロフィル欄には13か国の居住地が記されており、途上国（パキスタンやナイジェリア、バングラデシュなど5か国）からの投稿が7割を占めた。架空の救助要請や、被災者を装うなりすましも確認した。

能登地震の偽情報を調査した東京大学の澁谷《しぶや》遊野《ゆや》准教授（社会情報学）は「途上国の貧困層にとって、Xからの収益はうまくいけば一家を養う金額になる。簡単に始められるため、インプ稼ぎの意欲が高まっているのではないか」と指摘する。

能登地震は、外国から大量の偽情報が送られた初の大規模災害と言われる。正確な情報より、人々の関心を集めることを重視する「アテンション・エコノミー」の弊害が加速していることを浮き彫りにした。

Xの仕様変更

総務省の有識者会議は、能登半島地震で偽情報が広がったことを問題視し、Xなどプラットフォーム運営企業に聞き取りを実施した。2024年9月にまとめた報告書では、企業側の自主的な対策だけでは不十分だとして「制度整備も含め（運営企業に）具体的措置を求めることが適当」と指摘した。欧州連合（EU）の執行機関・欧州委員会も同年7月、

Xについて、偽情報の拡散防止などを義務付ける「デジタルサービス法」に違反しているとの暫定的な調査結果を公表した。

批判の高まりを受けてXは同年10月、投稿の閲覧数に基づいて利用者に広告収益を分配する仕組みを変更し、有料会員からの「いいね」の数や視聴時間などに応じて支払う方式に変更すると発表した。閲覧数稼ぎを目的にした「問題投稿」には罰則を科すことも決めた。

アリ氏のアカウントは既に収益化が停止され、Xから広告収入を得られなくなっている。友人の旅行会社を手伝い、生計を立てているが、こう思っている。「これからもネットで金を稼げる方法は出てくるだろう。見つけ次第学び、成功を収めたい」。アリ氏の鼻息は荒い。

ウィキペディアに「毒」を盛る

インターネット上の百科事典ウィキペディアに「毒」を盛ることで、これを学習する生成AI（人工知能）に偽情報をはき出させることができる――。米グーグルの研究者らは2023年2月、そんな論文を公表し、注目を集めた。毒とは悪意に満ちたウソの情報のことだ。

ウィキペディアには、比較的信頼できる大量の情報が集まっている。ネット上で収集したデータを基に、利用者の指示に応じて文章や画像、音楽を生み出す生成AIにとって、格好の学習の場だ。偽情報を大量に学習すれば、それを反映した回答を出力する。例えば、ある政治家について「この人物は差別主義者だ」とウソを言わせることもできる。

このようなサイバー攻撃は「データポイズニング」と呼ばれる。悪意ある者が仕掛ける毒で学習データが汚染されるさまを「毒殺（ポイズニング）」にたとえて名付けられた。

ウィキペディアは、世界中の利用者が編集に参加しており、偽情報を表示させ続けることは難しい。しかし、特定のタイミングでウソを書き込むことで、それが可能になるという。

論文の共同執筆者の一人で、スイス・チューリヒ工科大学のフロリアン・トレイマー准教授は「ウィキペディアにはすでに実験結果を伝え、注意を促した」と語った後で、こう付け加えた。「ネット上には膨大なデータがあり、いくらでも毒を仕込むことができる。政治的な目的で行われることも懸念される」。

攻撃からAIを守るため、日米英豪など11か国は24年1月、国際指針に署名した。この中でデータポイズニングは、AIがさらされている五つの脅威の筆頭に示された。指針は

「ＡＩが不正確で偏った、悪意ある回答をする可能性がある」と警告する。

指針は、米マイクロソフトが16年に公開した、ＳＮＳで利用者とやり取りするＡＩ「Ｔａｙ《テイ》」のケースを例示する。利用者の不適切な発言が「毒」となり、偏った回答をするようになった。公開中止になる前にＴａｙはこう言った。〈ヒトラーは正しかった〉。

偽バイデンの動画、２ドルで完成

開発者自らが偽情報を生み出す生成ＡＩをネット上に公開している場合もある。〈あなたはたった２、３回クリックするだけ〉。そのうちの一つは、誰でも精巧な偽動画「ディープフェイク」が簡単に作成できるとうたう。

サイトの画面には、バイデン米大統領やトランプ前米大統領、中国の習近平《シージンピン》国家主席ら著名人がずらりと並ぶ。リストから１人を選び、英文でセリフを入力すると、画面の中でしゃべり出す。１分間の動画作成にかかる料金は、わずか２ドル（約３００円）だ。

このサイトで作られたとみられる動画は、すでにデジタル空間を汚染している。

〈あなたの国は小児性愛者に運営されている〉

２０２４年３月上旬、バイデン氏が英語で口汚くののしる動画がＸで拡散した。同月25

日時点で閲覧数は66万回に上る。

「あのサイトが生成したディープフェイクとみて、ほぼ間違いない」。セキュリティー会社「三井物産セキュアディレクション」（東京）で上級マルウェア解析技術者を務める吉川孝志氏はそう言う。Xの投稿と、調査のために同サイトで作成した動画の背景やバイデン氏のしぐさなどが一致したためだ。

バイデン氏の声色やセリフを発する口元に違和感は全くない。吉川氏は「数あるAIツールの中でも完成度が高い。悪用を防ぐ対策が急務だ」と指摘する。

吉川氏によると、ネット上ではほかにも、精度の高いAIツールが公開されている。3秒間の録音で他人の声を模倣できたり、テレビ会議で自身の顔を別人と入れ替え、会話できたりするものも確認された。

悪用できるAIツールが次々に登場

AIによる偽情報が問題視される中で、大手開発事業者の対策は徐々に進んできた。例えば「トランプ」や「バイデン」と入力すると画像の生成を拒否するサービスもある。

一方、スタートアップ（新興企業）や個人が提供するサービスには、偽情報対策が備わっていないものがある。

ある米国のスタートアップのＡＩは、偽情報や偏見に基づく回答も一切制限なく出力する。年代や性別などを指定すると、その声質で電話をかけられるＡＩツールも公開している。

同社代表の男性は読売新聞の取材に、「誰もが、使いたいＡＩを検閲されることなく利用できる選択肢を持つべきだ」と主張する。「車が事故を起こすように、ＡＩで危険なことができるのは間違いない。しかし問題なのは技術ではなく、個人の使い方だ」と言い切った。

こうしたツールの多くは、ゼロから開発されたものではない。ネットに公開されたＡＩをもとに、データを追加学習させる「ファインチューニング（微調整）」によって作られたものだ。

基盤技術の公開はテクノロジーの発展のために不可欠、との考えがある。ＡＩ分野でも公開された技術をもとに世界中の企業などが開発にしのぎを削る。その中には、悪意を持った開発者も含まれる。

ＡＩ研究の第一人者として知られるカナダ・トロント大学名誉教授のジェフリー・ヒントン氏は読売新聞の取材に、技術が広く公開された結果、容易に悪用できるＡＩツールが次々に登場していると指摘。「悪人が悪事を働くことが非常に簡単になっている」と危機感をあらわにする。

ＡＩの安全対策を巡り、先進7か国（Ｇ7）は２０２３年12月、「広島ＡＩプロセス」で合意した。日本は偽情報対策などを定めた12項目をもとに、事業者向けのガイドライン（指針）を策定した。

だが、欧州連合（ＥＵ）は先に進んでいる。24年3月には欧州議会が、開発や運用を罰則付きで規制する「ＡＩ法」の最終案を可決した。人権や民主主義の価値観に反したり、子どもを危険な行為に誘導したりする利用を禁じる。26年には適用が始まる。

こうした動きに日本政府の関係者は「今後、日本は『指針だけでいいのか』と必ず問われる。国際社会と歩調を合わせていかなければならない」と語る。

解約できない仕組み「ダークパターン」

人々の認知領域の隙を突き、商品を購入させたり、契約の打ち切りを防いだりする。インターネットに仕掛けられたその手法は「ダークパターン」と呼ばれる。

「解約したいのに、全然電話がつながらない」

２０２２年夏、山梨県南アルプス市に住むパート女性（48）は近くの実家で、父親（80）がそう漏らすのを耳にした。父は携帯電話を手に焦り、いら立っていた。

数日前、ネット通販で「シミが消える」「１９８０円」とＰＲする美容液を注文したという。１回のみの購入のつもりが、その後送られてきたメールでは定期購入契約が結ばれ、２回目以降は１回６０００円近くかかると書かれていた。

女性は父親に代わって解約しようとスマホでかけ直した。「電話が大変混み合っております……」。自動アナウンスが延々と流れた。ＬＩＮＥに切り替え、販売元とのトーク画面に「解約したい」とメッセージを送った。何回目かのやり取りの後、二つの選択肢が表れた。

〈本当にやめますか？〉〈やっぱりやめない？〉

女性は迷わず〈やめる〉を選択。だが、それは「解約手続きを取りやめる」という意味の〈やめる〉で、手続きは振り出しに戻った。

〈やめるとポイントが失効します〉。その後も解約を防ごうとする文言が続き、「心が折れそうになった」。契約を解除した後、通販サイトを確認すると「定期購入」を示す文言は確かにあった。ただ料金を宣伝する言葉に比べ、ごく小さな文字だった。「高齢者はよく読まずに契約してしまう。こんなずるいやり方はひどい」。女性はそう憤る。

読売新聞はこの業者側に取材を申し込んだが、回答はなかった。

全国の消費生活センターに寄せられた通信販売の「定期購入」に関する相談は22年、前年比47％増の約7万5０００件で、過去最多となった。65歳以上の相談は全体の3割を占め、そのうち7割近くがネット通販によるものだ。ダークパターンによるトラブルは身近に潜んでいる。

カウントダウンタイマーで購入あおる

〈００：０８：５９〉

スマホの画面に映し出されたカウントダウンタイマーの数字が、1秒ごとに減っていく。〈残り9分〉〈クーポンを使うなら今！〉。あおるようなメッセージも表示された。

「さっさと買わなきゃと、慌てた」。東京都内の会社員男性（40）はそう振り返る。２０２４年2月上旬のことだ。

男性はスマホの広告で中国系の格安通販アプリがあることを知り、ダウンロードした。画面いっぱいにルーレットが表示され、最大1万5０００円が割り引かれるクーポンが当たった。使用できる時間は限られている。追い立てるようにタイマーが動き始めた。

タイムリミットが過ぎた。でも〈30分延長〉〈チャンスが延長されました〉というメッセージが何度も表示された。

せかされるように、コンビニ決済で6600円を支払い、ゴルフドライバーなど2点を注文した。「焦らされたり、しつこく購入を求められたりし、惑わされた」。男性はそう振り返る。

このアプリには、購入を取りやめようとする人を引き留める機能もある。同年3月上旬、アプリを利用していた都内の30歳代男性は、突然のカウントダウンに驚き、買い物をやめて画面を切り替えようとした。すると、〈チャンスを逃さないでください〉〈特典は盛りだくさん〉というメッセージが矢継ぎ早に現れた。「客を逃がさないようにしている」と感じた。

アプリは世界中で利用されており、格安で商品を購入できる一方、SNSなどには苦情も投稿されている。

ウェブデザイン会社「コンセント」（東京）の長谷川敦士社長は「タイマーで消費者を焦らせたり、執拗《しつよう》に購入を求めたりする手法は典型的なダークパターンだ」と指摘する。

アプリ運営会社は読売新聞の取材に「日本の利用者からのフィードバックによって、（アプリの機能は）すでに何か所も更新している。今後も真摯《しんし》に対応していく」と回答した。

アプリにダークパターン93・5%

「日本では消費者にも、アプリ制作者側にもダークパターンの危険性が認識されていない」。東京工業大学（現東京科学大学）のシーボーン・ケイティー准教授は強調する。同大の研究チームが2022年、国内で配信されている通販やゲームなどのスマホアプリ200個を調べたところ、93・5%にダークパターンが含まれていた。

ウェブデザイナーとして働いた経験があるシーボーン氏は「アプリ制作者は、人々の心理や認知に影響を与える方法を熟知して設計している」と言う。

例えば、人間には今ある状況が最善と考える「現状維持バイアス」がある。このため、事前にチェックが入っている選択肢を選びやすい。タイマーが作動すれば脳は「緊急事態」だと認識し、行動を起こさずにはいられない。

ダークパターンは、こうした心の動きにつけ込むものだ。特にネットに不慣れな高齢者や脳が発達途上の子どもは注意が必要だ。

シーボーン氏は企業側にも注文を付ける。「消費者の判断をゆがませれば、長期的には信用が傷つくことを忘れてはならない」。

このような状況に対し、海外では対策が進んでいる。経済協力開発機構（ＯＥＣＤ）は22年の報告書で、ダークパターンの手法を七つに分類し、「消費者に多大な被害を引き起こす可能性がある」と注意を呼びかけた。

欧州連合（ＥＵ）は、22年合意のデジタルサービス法で消費者を欺くウェブデザインの設計を禁止。米国は連邦取引委員会法で「不公正または欺瞞《ぎまん》的な行為・慣行」を幅広く禁じる。

日本でも同年施行の改正特定商取引法で、ネット通販の確認画面で、契約内容を明確に示すことを事業者に義務づけるなど対策を強化してきた。しかし、ＥＵのようにダークパターンを直接規制する法律はない。

中央大学の石井夏生利《かおり》教授（情報法）は「ダークパターンは気付かないうちに消費者の意思決定をゆがめ、自律性を侵害している。消費者庁は具体的な類型を整理し、必要な規制を検討すべきだ」と指摘する。

メタバースで誹謗中傷

ＶＲ（仮想現実）のヘッドセットを着けると、３６０度の世界が広がる。そこがインタ

VRヘッドセットを装着し、メタバースの世界に没入する愛知県の男性

ーネット上の仮想空間「メタバース」だ。コンピューターが描き出した想像上の場所で、世界中の人と交流することができる。「現実のちょっと先に行けて、非日常の世界に没入できる」。愛知県内の会社員男性（27）は夢中だ。

メタバースとは、英語の「メタ（超越した）」と「ユニバース（宇宙）」を組み合わせた造語だ。男性は2021年9月から、米企業が提供するサービスを利用。自分の分身「アバター」として「美少女」のキャラクターを使う。仮想空間で自分を表現するもう一つの体だと思っている。

メタバースの中では、5～6人の小さなグループを作り、カラオケや映画鑑賞を楽しむ。アバター同士で恋愛をすることも。しかし、一歩グループを出てメタバース内の誰もが利用できるスペースに入ると、誹謗中傷にさらされることがある。

「いい大人が現実逃避して恥ずかしくないのか」。美少女のアバターで交流する男性のグループを不快に思う人たちから次々に激しい言葉を投げかけられた。メタバースでも、嫌な相手を遮断する「ブロック」などの機能があり、Ｘなど活字で情報をやりとりするＳＮＳと同じように仲間を同質化できるのだ。

メタバースは自由な空間のはずだ。「なぜそんなことを言われなくてはいけないのか」と悲しくなった。「エコーチェンバーが起き、攻撃的になっていると感じた」と振り返る。

同じような経験をした人は他にもいる。

「お前、英語がしゃべれないだろう！」

メタバースにいた岐阜県内の女性（23）は、外国人らしきアバターから、いきなり英語でどなられた。差別的な言葉もぶつけられた。ヘッドセットを通じて耳元に響く相手の怒声に「怖くて、その場から逃げ出すことしかできなかった」。

女性が参加していたのは、米企業が提供するメタバースのうち、誰でも入れるスペース。世界中の人たちと交流できる一方で、トラブルに巻き込まれることもある。

特に多いのが性的嫌がらせだ。女性もメタバース内の音楽イベントでＤＪをしている最中に痴漢にあった。隣にいたアバターがスカートをめくるような動きをした後、「ちぇっ、パンツ見えなかったわ」と舌打ちした。

現実でも痴漢被害を受けたことがある。そのときの怒りや恐怖がよみがえった。「ハッとして、体が震えた」。証拠を押さえようと相手アバターの名前や画像を記録した。しかし取り締まる法律はない。「結局、相手をブロックすることしかできなかった」と悔しがる。

女性は「アバターは自分そのもの。現実の世界で受けた時の感覚とまったく変わらない」と言い切る。「誰もが安心して遊べる空間とはとても言えない。何らかのルール作りが必要だ」と訴える。

メタバースのあり方について検討する総務省の有識者会議メンバーでもある大阪大学の辻大介教授（コミュニケーション論）は「没入感ゆえに被害感情もリアルに感じる。一方で現実の空間ではないため、加害者の中にはゲーム感覚で攻撃的な言動を取る人もいるのではないか」と指摘する。

メタバースのルールは手探り

「僕はメタバースで用心棒をしていたんだ」

そう胸を張るのは、米コネティカット州のエール大学ロースクールに通うアーロン・マック氏（29）だ。2022年春から2か月、教育団体が主催するメタバースのイベントで「治安」を守るボランティア活動に取り組んだ。

イベントが始まる時間が来たら、VRヘッドセットを装着。自分そっくりのアバターで、会場を巡回した。無理やりステージに上がろうとするアバターに注意し、ブンッと突然殴りかかってくる悪質な参加者は、問答無用で「ブロック」して追い出した。

近年、XなどのSNSではトラブルが相次いでおり、運営者側による監視の強化が必要だと指摘されている。マック氏は「メタバースでも同様の対応が不可欠だ」と強調する。

メタバースは一部の愛好家だけの空間ではない。企業や自治体、大学などの参入が相次ぎ、医療や福祉分野では患者同士の交流や、障害者の旅行体験に活用する動きが広がる。

メタやアップルによる機器開発競争も進む。東京大学情報基盤センターの雨宮智浩教授（情報科学）は「装置の価格が下がって小型化されると、用途が広がる。例えば、不登校の生徒や高齢者などに新たなコミュニケーションの場を提供できる」と期待する。

利用者の裾野が広がるからこそ、安全対策が重要となる。23年4月、群馬県高崎市で開かれた先進7か国（G7）デジタル・技術相会合では、メタバースなどの没入型技術について「革新的」と評価しつつ、「安全で安心な技術の使用を促進する必要がある」との認識で一致した。

総務省は23年秋に有識者会議を設立し、メタバース利用の原則づくりを進めている。24年3月に公表した1次案では、自由や多様性、プライバシーの尊重などの原則を示したが、こうした価値をどう実現するか模索が始まったばかりだ。

メタバースの市場は今後、教育や医療、福祉などの分野にも拡大し、利用者は急増する見込みだ。22年の国内の利用者は約450万人だったが、30年には約1750万人に上ると推計されている。人間の知覚に深く関わるメタバース。そこでは新たな規範が必要だ。

総務省の担当者は「メタバースはまだ萌芽《ほうが》期で、トラブルについてはユーザーや運営事業者らが自主的に対応すべきだ。ただ、利用者による攻撃的な行為の防止や、未成年のユーザーへの対応など検討すべき課題は多い」と語る。

生成ＡＩの登場でニュースサイトへの接続が減少

「生成ＡＩの登場によって、２０２６年までにキーワードが検索される量は25％減少する」

米国の巨大ＩＴ企業が競って生成ＡＩを開発する中で、米調査会社ガートナーは24年2月、こんな予測を発表した。

グーグルなどの検索サイトにキーワードを打ち込むと、関連するサイトのタイトルがずらりと表示され、利用者はその中から自由に選んで接続する。しかし、生成ＡＩはこうした習慣を変えつつある。

マイクロソフトは23年2月、自社の検索サイト「ビング」に対話型ＡＩを導入。グーグルも同5月、検索サイトに生成ＡＩを搭載した。いずれも利用者が知りたいことに関するキーワードを入力すると、生成ＡＩが数秒で「答え」を教えてくれる。複数のサイトに接続する必要はない。

巨大ＩＴ企業に詳しいコンサルタント会社「アタラ」（横浜市）の杉原剛ＣＥＯ（最高経営責任者）は「生成ＡＩが出力する回答だけを見るようになれば、偶然新たな情報に出会う機会は大きく減る」と指摘する。

ＳＮＳ利用者も、多様な情報に接する機会が失われている。ＰＦ事業者に自社のサービスに長時間とどまるように誘導され、外部ニュースサイトに移動して閲覧する回数が減っているからだ。

英ロイタージャーナリズム研究所のリポートは24年1月、米分析会社のデータとして、

23年の1年間でフェイスブックとXのニュースサイトへの接続がそれぞれ48％、27％ずつ減ったことを取り上げた。

ＰＦ事業者は、利用者がＳＮＳ内に滞在する時間を延ばし、広告を見てもらうことで収益を高めたいと考えている。このため、外部のニュースサイトに誘導する投稿を目立たなくしている。利用者は知らぬ間に多様なニュースに接する機会を減らされている。

執筆者のニック・ニューマン氏は「ＳＮＳは、ニュースにあまり関心がない人々にも情報を送る手段になっていた。そうした人々がニュースから完全に切り離されつつある」と指摘する。

偽情報に対する〝耐性〟は多様な情報をバランスよく摂取することによって培われる。しかし、その機会は急激に失われつつある。

プレバンキングで注意呼びかけ

多様性が失われつつあるデジタル空間で、偽情報に惑わされないためにはどうするべきか。

対策の一つとして注目されるのが「プレバンキング（事前暴露）」と呼ばれる手法だ。

偽情報が出回る前に「免疫」をつける試みだ。

〈インドネシア人の8割が貧困にあえいでいる〉〈精神障害者は投票できない〉。2024年2月14日に大統領選の投票が行われたインドネシアのNPO「マフィンド」は、選挙前にこうしたフェイクニュースが流れる可能性があるとして、うのみにしないよう動画で注意を呼びかけた。

同国では近年、大統領選のたびに偽情報による混乱が起きている。前回19年選では投票後、敗北した候補者側がSNSで「不正選挙だ」と訴え、その支援者らが暴動を起こす事態に発展。少なくとも6人が死亡した。

同NPOはそれまで偽情報を一つひとつ検証して打ち消す「ファクトチェック」に力を入れていた。しかし19年に検知した偽情報は1221件。セプティアジ・エコ・ヌゴロ代表(45)は「数が多すぎて、ファクトチェックができたのは10分の1ほど。とても対応しきれなかった」と振り返る。

23年の偽情報は2330件に膨らんだ。同NPOは昨年からプレバンキングの研究を始め、十数本の動画を作成し、ユーチューブで公開する取り組みを始めた。

さらに、自ら偽情報を作り、発信する体験を通して若い世代の免疫力を高めようとしている。

同年10月からは、インドネシアの教育現場などで、ゲーム形式のセミナーを実施。参加者は2チームに分かれ、一方が相手チームに関する偽情報を作り、もう一方はそれを訂正していくものだ。偽情報にだまされないためには、発信者の思考を理解する必要があり、それには実際に偽情報を作ってみることが近道と考えたからだ。

今回の大統領選でも偽情報は広がり、「不正選挙」との声が飛び交った。その光景は前回選と変わらない。しかし、ヌゴロ代表は「今回は暴動は起きていない。プレバンキングが偽情報の深刻さを軽減したことに貢献していると信じている」と語る。

「兵士を事前にプロパガンダにさらすことで、マインドコントロールに打ち勝つ」。1960年代、米国の研究者がそう唱えた理論が、プレバンキングの起源とされる。

朝鮮戦争（1950〜53年）では、北朝鮮が捕虜の米兵を共産主義に洗脳したとされ、プロパガンダ対策の必要性が認識された。

この理論を現代版に再構築したのが、英ケンブリッジ大学のサンダー・ファン・デル・リンデン教授だ。

偽情報を拡散する手口を、別人物として情報を発信する「なりすまし」や、恐れや憤りなどを誘発する「感情操作」など7種類に分類。これらを説明する短いアニメ動画を制作し、約100万人に見せたところ、偽情報を見抜く確率が高くなったという実験結果が出た。成果は22年8月に公表した。

リンデン教授は読売新聞の取材に「陰謀論を深く信じ込んでしまった後では手遅れだ。その前に対策をとることが重要だ」と語る。

プレバンキングの手法は、日本でも23年末、総務省の有識者会議で取り上げられるなど注目が集まっている。

バランス良く情報摂取を

「情報的健康」という言葉をご存知だろうか。

プレバンキングが偽情報への「予防接種」であるならば、情報を摂取する行動を食事にたとえ、バランス良く情報を摂取し、偽情報に負けない「健康体」を作ることが大切だという考え方だ。

慶應義塾大学の山本龍彦教授（憲法学）と東京大学の鳥海不二夫教授（計算社会科学）らのグループが2022年1月、デジタル言論空間を健全化するための「デジタル・ダイエット宣言」で提唱。23年5月に発表した第2版では、「健康は押し付けてはいけない」との考えから、「情報的健康」の定義の中に、「各人の希求する『健康』が満たされた状態」という言葉を追加した。

食品には原材料や製造者が表示されているのに、ネット上の情報は発信元が不明のケースが多く、自律的で主体的な情報摂取を難しくしている。この状況を改善するためには、情報の発信元を明らかにし、信頼性を確保するデジタル技術「オリジネーター・プロファイル」（ＯＰ）の導入が必要だとする。第三者機関が認証した発信者情報をネット上の記事や広告に電子的に付与することで、利用者が記事などを読む際に、発信者がわかる仕組みだ。

技術開発を進めるＯＰ技術研究組合には新聞社やテレビ局、広告会社などが参加し、25年の運用開始を目指している。

健全な言論プラットフォームに向けて

AIに懸念

東京大学の鳥海不二夫教授（計算社会科学）と、慶應義塾大学の山本龍彦教授（憲法学）らは2023年5月、情報空間に対する共同提言「健全な言論プラットフォームに向けてver2・0―情報的健康を、実装へ」を発表した。22年1月に公表した第1版に、生成AI（人工知能）がもたらす問題などを加筆した。

新たな提言では、生成AIについて「インターネット上のいかなるデータが使用されたか不明のまま、生成された文章が拡散される危険がある」と強調。その回答はもっともらしく見えるため、「『おいしい毒林檎《りんご》』として、情報的な『健康』を侵害しうる」とした。

通信・広告事業者が果たすべき役割や、教育・リテラシーのあり方にも言及した。提言を社会に実装する手立ても詳しく紹介し、ユーザーの「情報的健康」の程度を測定するシステムの構築や、リテラシー教材の開発などを示した。

前回の提言は「デジタル・ダイエット宣言」という副題を付け、フェイクニュースや、好みの情報ばかりに包まれる「フィルターバブル」などの問題を指摘。多様な情報を摂取することで、フェイクニュースなどに対する免疫を獲得した状態である「情報的健康」の重要性を訴えた。

第2版にあたる今回は、鳥海、山本両教授に加え、言語脳科学者の酒井邦嘉東京大学教授など関連分野の識者ら16人が共同執筆者に名を連ねている。

代表の一人である山本教授は「日本だけでなく世界に向けて情報的健康の概念をPRしていきたい」と話した。

「健全な言論プラットフォームに向けて

――デジタル・ダイエット宣言」（第1版）要旨

情報通信技術がもたらす便益を享受しながら、フェイクニュースが及ぼす危害を避け、憲法の基本原理と調和する健全な言論環境を実現する。そのために求められているのは、多様な情報をバランスよく摂取することを通じて、フェイクニュースなどに対して一定の「免疫」（批判的能力）を獲得している状態、すなわち「情報的健康」を実現することだ。

宣言は、現在直面する課題と共同提言の方向性を示した上で、言論空間上で情報的健康を望むあらゆる人がそれを享受できるよう、ユーザー、事業者、政府が取り組むべき内容（基本原則）を提言する。

■現在の課題

▽インターネットの普及により、言論空間は「ビッグバン」のごとく爆発的に膨張し、情報が双方向・リアルタイム（同時進行）・無制限に交錯する、新しい次元へと突入した。多様な一般ユーザーが実名・匿名で投稿する玉石混交のコンテンツ（内容）があふれ、出所不明の虚偽情報が、取材に裏付けられたジャーナリズムと隣り合わせに存在し、拡散・増幅される世界となっている。

▽情報過多の社会では、供給される情報量に比べて、我々が支払えるアテンション（関心）や消費時間が希少となるため、それらが経済的価値を持って市場で流通する。こうした経済モデルは一般に「アテンション・エコノミー」と呼ばれる。

心理学では、人間の思考モードには直感的で自動的な「システム1」と、システム1を補完し熟慮を特徴とする「システム2」があるとされる。アテンション・エコノミーの世界では、システム1を刺激することが重要だと言われる。この経済モデルは、放任しておくと対話や熟議の基となるシステム2の思考を減退させ、システム2を前提とする民主主義を侵す危険性がある。

▽AI技術などを用いたプロファイリングによって、ユーザーの政治的信条や感情などを非常に高い精度で分析・予測することが可能になった。個人の感情や思考が容易に「ハック」され、操作されるようになりつつある（マインド・ハッキング）。これは人々が意識しない、または意識できない状況での他者による心理的介入・操作を可能にし、個人の自己決定、自律、さらにはそうした能力を前提とする民主主義を掘り崩す。

▽ユーザーの好みを分析し、それに基づいた情報が優先的に表示される結果、まるで自分色の泡の中に閉じ込められているかのように、自分が見たいと「される」情報しか見えなくなってしまう（フィルターバブル）。SNS上で自分と同様の興味関心を持つユーザーばかりをフォローした結果、特定の意見を発信すると、それと似たような意見ばかりが反響してくる（エコーチェンバー）。この二つの現象は社会の分断を誘引し、民主主義を危険にさらす可能性がある。

▽広告収入を得ることなどを目的としたフェイクニュースが多く出回り、拡散・増幅されている。他国による「影響工作」の一環としてフェイクニュースが拡散されることもあり、国家の安全保障や主権をも脅かす可能性がある。
▽SNSやネット掲示板などでは過激な発言や暴言が多く出回り、社会問題化している。
▽現在のデジタル言論空間上の問題の発生メカニズムは複雑で、構造的だ。現況を一変させるような「特効薬」も存在しない。

共同提言の方向性

▽情報過多の時代になって間もない現在、我々は情報的健康のために、必要な情報をバランスよく摂取できるように訓練されてはいない。ユーザー自身の意識改革・教育、企業側の努力や政府の適切な支援によって、ユーザーが自ら摂取する情報を自律的・主体的に選択し、民主主義社会を維持するうえで基本的な情報を誰もが摂取できる環境を整える必要がある。
▽コンテンツや情報自体の「要素」「成分」のほか、デジタルプラットフォームが種々のコンテンツなどをどのようなバランスで表示・配信しているのかがユーザーに明らかにされ、ユーザーがどのコンテンツ・情報を摂取するかなどを主体的・自律的に判

断するための指標が提供されるべきだ。

▽ユーザーが自らの情報的健康の状態を確認できるように、人間ドックならぬ「情報ドック」の機会が定期的に提供されるべきだ。情報ドックでは、摂取している情報源の多様性などを検査し、その結果を客観的なデータとして提示することが考えられる。

▽ユーザーが情報的健康に重度の問題を抱えていると考えられる場合は、医療における食事管理のように、専門家に相談し、自らの意思で摂取する情報を管理してもらうことも考えうる（デジタル・ダイエットの提供）。

▽現在のアテンション・エコノミーに代替する経済構造を模索すべきだ。

■ユーザーや事業者らの基本原則

【ユーザー】

▽アテンション・エコノミーという経済モデルを理解し、その中に組み込まれている事実を認識すべきだ。

▽身体的な健康と同じように、自らの情報的健康を意識することが望まれる。そうすることで、フェイクニュースにだまされず、「情報弱者」にならないなどのメリットがある。

【デジタルプラットフォーム事業者】

▽既に情報的健康の実現に資する取り組みを自主的に進めているが、さらなる取り組みを進めるうえで必要な基本原則を示す。

▽ユーザーの利益に反する目的で、ＡＩなどを用いて個人の思考を「ハック」してはならない。

▽ユーザーがフィルターバブルの中に他律的に閉じ込められることがないように、多様な情報を提供する機能を構築すべきだ。

▽実効的なフェイクニュース対策を講じるべきだ。特に、フェイクニュースをどう定義するか、誰がフェイクニュースを判定するのか、ファクトチェック記事をどう効果的に表示していくか、メディアの信頼性をどう表示するか、といった点に留意する必要がある。

▽アルゴリズム（広告の表示などに使う計算方法）のパーソナライズ化の程度を、ユーザーが自由に選択できるようにすべきだ。

▽選挙期間中や災害・パンデミックの発生時、ユーザーが未成年者である場合など例外的な状況では、アルゴリズムを切り替え、正確な情報を速報したり、適切な行動を促進したりするよう努める。

▽アルゴリズムを適切な方法で透明化しなければならない。
▽経営と編成の分離などに留意し、責任体制・ガバナンス体制を構築すべきだ。

【マスメディア】

▽健全な民主主義を実現するため、国民から信頼される存在であり続ける必要がある。アテンション・エコノミーとの距離を確保し、フィードバックループ（フェイクニュースをマスメディアや社会的影響力のある人が言及し、相乗効果で拡散が加速されること）の防止に努める。
▽ジャーナリストは情報の作り手・送り手として、アテンション・エコノミーという経済モデルを冷静に見つめ、公共性をもった自律した専門家として、その職務を遂行すべきだ。

【政府】

▽情報的健康に向けた取り組みを側面から支援する憲法上の責務があると考えられる。
▽国民の情報的健康に直接介入し、「健康」を強制すべきではない。
▽デジタルプラットフォーム事業者の透明性の確保や説明責任の遂行を実効的に担保するための制度設計を行うべきだ。
▽同事業者とメディア間での公正・公平な取引環境を整備しなければならない。

▽情報リテラシー教育に積極的に取り組む。

■今後の展望

今後は、個人の自律と民主主義にとって健全な情報環境を整備することを目的とした「情報健康学」の確立も考えられる。学問的課題には次の点が挙げられる。

〈1〉情報的健康、情報的不健康の定義を洗練させていく
〈2〉情報の「栄養素」を明らかにする
〈3〉「栄養素」などの表示項目や表示方法を規格化・標準化する
〈4〉情報的不健康で生じる害悪、情報的健康でもたらされるメリットを同定する
〈5〉情報的健康のための適切な情報提供の方法を明らかにする
〈6〉情報ドックの具体的方法を開発する
〈7〉情報的不健康を改善するための具体的方法を検討する
〈8〉情報的健康と調和する広告制度を構築する
〈9〉情報的健康に特に責任を持つべきデジタルプラットフォーム事業者とはどのような事業者かを検討する
〈10〉アテンション・エコノミーに代わる経済モデルを検討する

第2版追加項目の要旨

情報通信技術がもたらす便益を享受しつつ、情報偏食が及ぼす危害を避け、憲法の基本原理と調和する健全な言論環境を実現する。そのために求められているのは、民主主義社会の基盤たる情報環境において、一人ひとりが、各人の希求する「健康」が満たされた状態、すなわち「情報的健康」を実現することだ。

我々は、ver. 1・0で掘り下げが必ずしも十分ではなかった問題にフォーカスし、情報的健康の実現に向けてさらなる検討を重ねた。本提言は、その成果をまとめたものである。

新たに追加された主な項目は以下の通り。

〈1〉生成AI

生成ＡＩの利用は、デジタル言論空間上で様々な問題を新たに引き起こす可能性がある。

現状では、文章生成の根拠が明示されないことが多く、根拠不明のまま生成された文章が拡散されるという危険がある。また、ユーザーが生成ＡＩを使用した事実を常に明示するとは限らないため、信憑性《しんぴょうせい》の確認がとれない言論空間が多数形成され、それが生成ＡＩによって再利用されるといった連鎖反応が懸念される。

規制なく生成ＡＩが普及することにより、自分がどのような情報を摂取しているのかがわからない状況が生じる可能性がある。生成ＡＩの回答はもっともらしくみえるため、無制約的な利用は我々の認知の歪《ゆが》みをもたらしうる。「おいしい毒林檎《りんご》」として、情報的な「健康」を侵害しうる。

悪意ある者が、生成ＡＩにフェイクニュースを大量に作らせて拡散させ、「情報津波」を起こして特定の目的のために世論を操作する危険がある。言論空間の健全化を目指すには、今後の生成ＡＩの動向について注視する必要がある。

〈2〉教育・リテラシー

情報空間に関するリテラシーを得ることとは、食事のバランスや「食育」の重要性が社会的に認識されていった経緯が参考になる。

「栄養」という言葉は江戸時代に誕生した。明治時代には軍を中心に栄養教育が勧められ、大正時代には栄養の充足を考慮した献立の必要性が民間でも主張されている。

しかし、戦中戦後の時代や高度経済成長期には、「食育」という概念は重視されてこなかった。高度経済成長期以降、肥満や生活習慣病の増加、食の安全上の問題の発生などを受け、２００５年に食育基本法が施行され、現在では食に関する一定の知識が普及するに至った。個人は自らの判断で健康的な食生活を選ぶかどうかを選択することができるようになった。

現代の情報空間でも、高度経済成長期以降の「食事」に関する問題と同様、情報の「飽食」や「偏食」などによって、様々な問題が生じている。そこで、情報の摂取行動に関しても、これまで「食育」として行われてきたようなリテラシー・教育が重要と思われる。

〈3〉脳神経科学からの検討

近年では、個人の神経活動にかかわる情報を取得し、ＡＩを用いて解析することで個人の感覚入力や運動出力などを解読する技術の研究開発が進展している。

こうした技術は、使用方法によっては個人の精神に対する不可侵性を脅かしうるものであり、マインドコントロールや洗脳に利用される潜在的な危険をはらんでいる。仮に、何らの規制なく、情報環境にも実装されるようになれば、個人の自律的な意思決定だけでなく、民主主義にも極めて重大な影響を与えよう。

〈4〉広告をめぐる問題

言論空間が膨張していることで、広告事業者が取り扱うことができる広告掲載先も爆発的に増えている。

インターネット広告の配信方法の主流は、大量のコンテンツを束ね、大規模かつ一括して広告配信が可能となる仕組みだ。PV数などの指標をもとに、広告主が広告費を支払う仕組みが構築されているため、刺激性が強いコンテンツが、多くの広告収入を獲得しやすい。結果として、フェイクニュースなどの生成を促し、ユーザーに不利益を与える状況を助長してしまう。

広告分野では、その質などによってコンテンツを評価し、かかる評価に応じて対価が支払われるサブシステムの構築を検討すべきであろう。

例えば、編集方針や取材手法を明示しているメディアなどに対して認証を与える仕組みにより、認証の有無がコンテンツに付随する広告枠に付加価値を与えることなどが考えられる。信頼性の担保と、フェイクニュースの抑制にもつながり、情報的健康に資する取り組みとしてのポジティブなブランドイメージ獲得にもつながる可能性をもたらす。

〈5〉通信事業者

通信事業者は、移動通信を中心に、従量制、定額制の料金制度を採っているが、一部の通信事業者は、特定のコンテンツに、通信量をカウントしないゼロ・レーティングサービスを提供し、世界的に普及している。

コンテンツを提供する事業者（コンテンツ・プロバイダー）にとっては、自己が提供するコンテンツが、より多い顧客を有する通信事業者のゼロ・レーティングサービスの対象となることが、他のプロバイダーとの競争上重要だ。

また、通信事業者にとっては、より多いユーザーを有するコンテンツをゼロ・レーティングサービスの対象とできるかが、競争上重要となっている。

ユーザーは、金銭的メリットに誘引され、情報へのアクセス手段の取捨選択を余儀なくされているともいえる。ゼロ・レーティングサービスの対象事業者に、アテンション・エコノミーをビジネスモデルとする者が含まれる場合、通信事業者もアテンション・エコノミーの行き過ぎに間接的に加担していることになろう。

〈6〉情報的不健康の害

情報的健康の歪みは、社会に負のインパクトをもたらすリスクがある。選挙や感染症対策、災害対策などへの悪影響に加え、最も直接的な脅威として挙げられるのは、暴力扇動のリスクだ。情報戦のリスクも突き付けられる。それらは国境を越えて広がり、日本もそのインパクトの渦中にある。その影響は、家庭の中にまで入り込んでいる。

日米韓共同調査

偽情報に脆弱《ぜいじゃく》な日本人

デジタル空間の情報との向き合い方を調べるため、読売新聞が日米韓3か国を対象にアンケート調査を実施した結果、米韓に比べ、日本は情報の事実確認をしない人が多く、ネットの仕組みに関する知識も乏しいことがわかった。日本人が偽情報にだまされやすい傾向にある実態が浮かんだ。

調査は2023年12月、国際大学の山口真一准教授（経済学）とともに3か国の計3000人（15～69歳）を対象に共同で実施した。

情報に接した際、「1次ソース（情報源）を調べる」と回答した人は米国73％、韓国57％に対し、日本は41％だった。「情報がいつ発信されたかを確認する」と答えた人も米国74％、韓国73％だったが、日本は54％にとどまった。

デジタル空間の構造や弊害を表す用語の認知率も調査。正確さより関心を集めることを重視する「アテンション・エコノミー」など三つの用語を知っている人は、平均で日本は5％のみ。米国33％、韓国40％と大きな差がついた。

3か国でそれぞれ広がった各15件の偽情報について、「正しい」「わからない」「誤り」の三択で回答を求めたところ、「誤り」と見抜くことができた割合は、米国40％、韓国33％に対し、日本は最低の27％だった。

回答者のメディア利用状況なども聞いた結果、偽情報にだまされる傾向が表れたのは「SNSを信頼している人」「ニュースを受動的に受け取る人」だった。

一方、だまされにくかったのは「新聞を読む人」「複数メディアから多様な情報を取得している人」だった。新聞を読む人はそうでない人と比べ、偽情報に気付く確率が5％高かった。

東京大学の宍戸常寿教授（憲法学）は「日本は偽情報への耐性が弱く、深刻な状況にあることが裏付けられた。早急にリテラシーを高める取り組みが求められる」と指摘する。

日本／3割以上が偽情報を信じる

15の偽情報を「誤り」と見抜いた割合と、「正しい」と信じ込んでいた割合

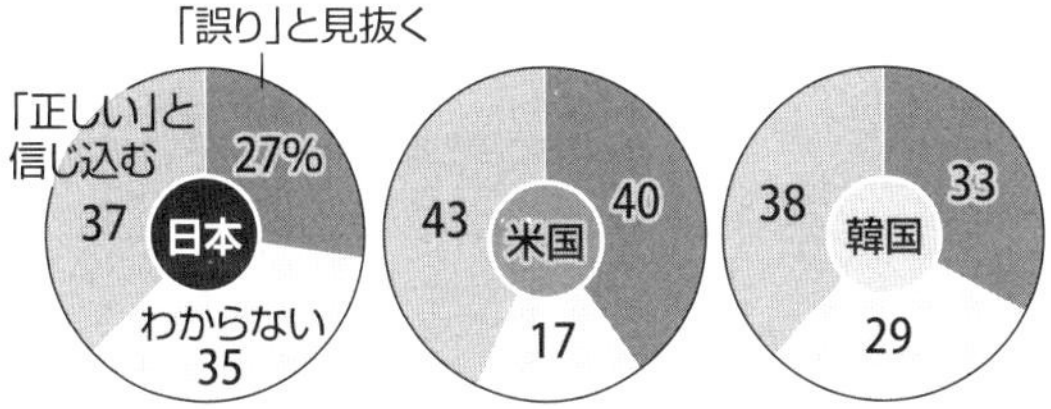

偽情報を見抜ける人はどれくらいいるか。調査では、3か国で実際に拡散した「政治」「医療」「健康」「美容」の各分野の計15個の偽情報を示し、真偽を尋ねた。「誤り」と判断できた割合は、日本27％、韓国33％、米国40％だった。

ただ、日本は「わからない」が35％を占め、米国はこれが17％にとどまった。日本では判断を留保する人が一定の割合でいることがうかがえた。

一方、誤った情報を「正しい」と答えた割合は、米国43％、韓国38％、日本37％。全体で3分の1以上の人が、偽情報を信じていたことが判明した。

情報に接したとき、それが正しいか自ら調べ、確認することが重要だ。こうした「検証行動」をしているか聞いたところ、日本は米韓よりも実施している割合が少なかった。調査で明らかになった日本の弱点だ。

日本／デジタル用語、浸透せず

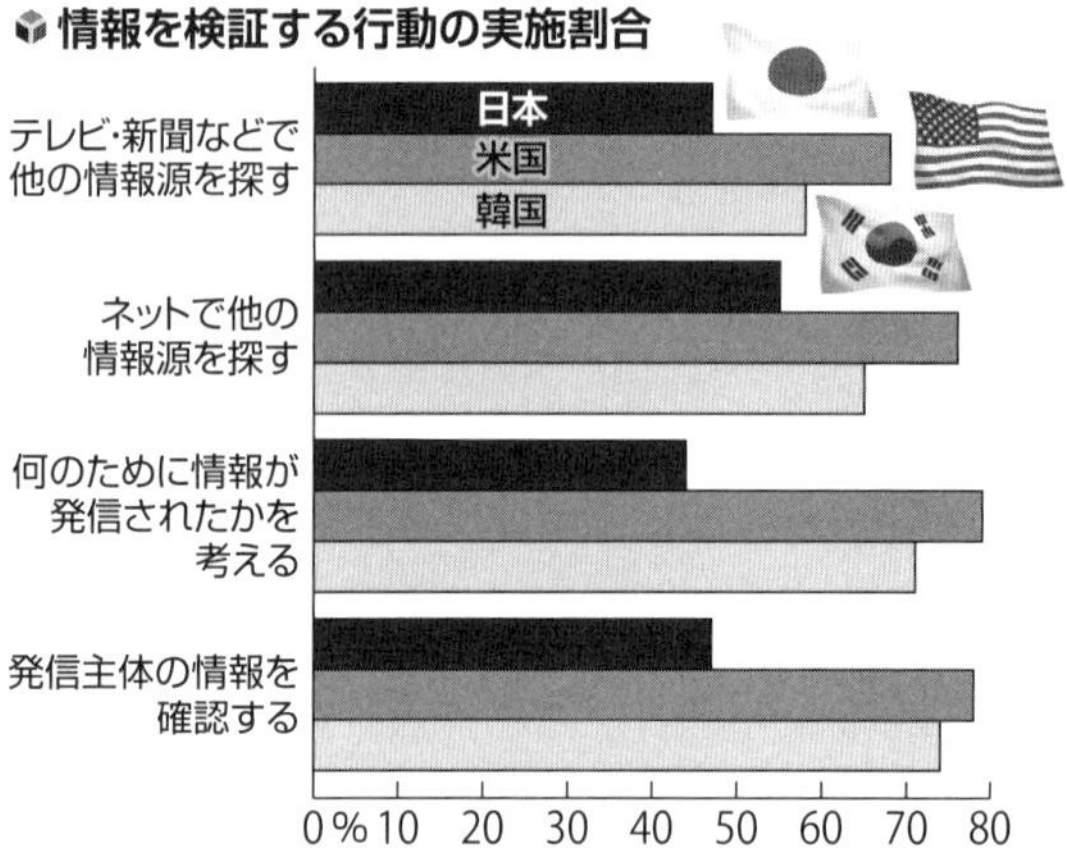

具体的にどのような行動をしているか尋ねたところ、米国では「何のために情報が発信されたかを考える」が79％と最も多く、韓国でも71％だったのに対し、日本は44％だった。「発信主体の情報を確認する」は、韓国で最多の74％だったが、日本では47％にとどまった。

偽情報にだまされないようにするためには、複数の情報源にあたることが不可欠だ。「1次ソースを調べる」と答えた人は、米国73％、韓国57％だったのに対し、日本は41％にとどまった。「テレビ・新聞・雑誌で確認する」は、米国68％、韓国58％だったのに対し、日本では47％だった。

日本で最多の検証行動は「ネットで他の情報源を探す」の55％だった。

SNSなどのデジタル空間では、注目を集める記事で収益をあげたり、同じような意見の人が集まって他の考えを排斥したりする傾向がある。こうした構造を理解しておくのは、偽情報に踊らされないために大切だ。デジタル空間に関する用語を知っているかや、特性を理解しているかを調べた。

日本では「アテンション・エコノミー」「フィルターバブル」「エコーチェンバー」といった用語の認知率は、3か国で最低だった。

デジタル空間の特性に関する理解でも、日本の正答率は3か国中最低だった。「閲覧履歴などによってSNSや動画共有サービスで表示されるコンテンツがカスタマイズされる」というフィルターバブルに関する問いでは、日本の正答率は49%にとどまった。米国では69%、韓国54%が正解だった。アテンション・エコノミーに関する設問では、米国69%、韓国65%が正解だったのに対し、日本は54%だった。

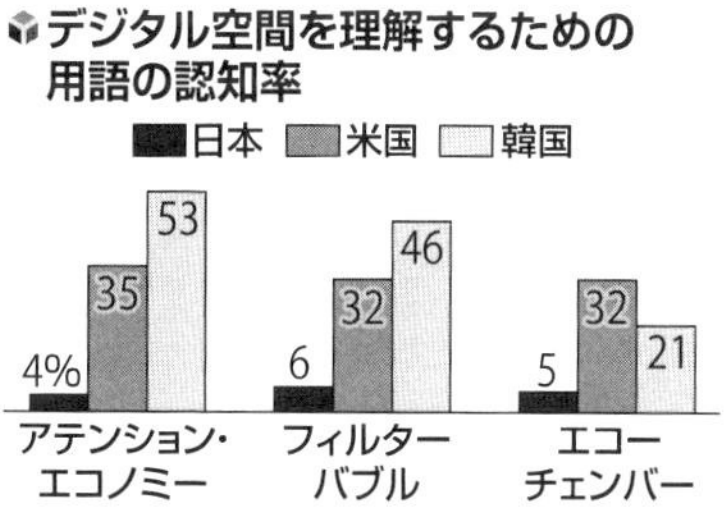

情報入手先はネット記事、信頼度は新聞がトップ

ニュースなどの情報はどこから得ているのか。日本や韓国は

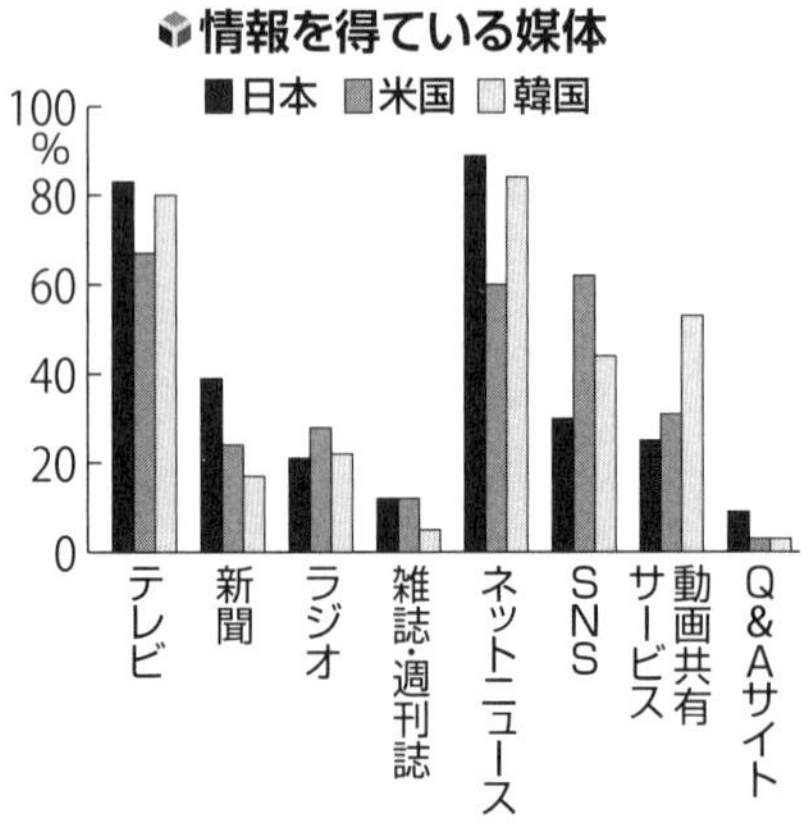

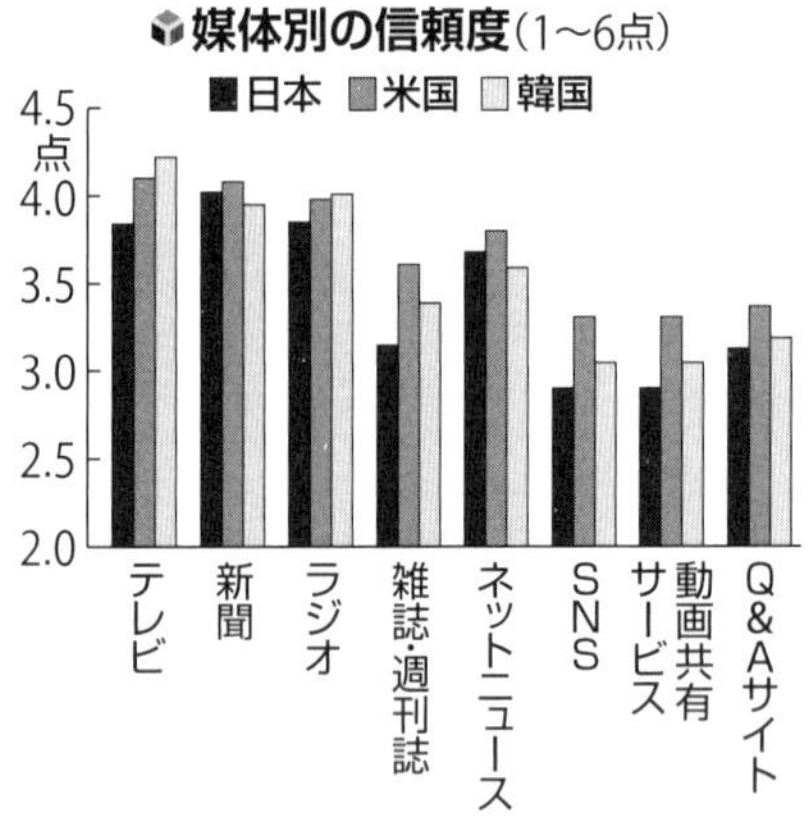

ネットニュースが1位で、米国はテレビがトップだった。

日本は、ネットニュース（89%）、テレビ（83%）、新聞（39%）の順だった。SNSは4位（30%）で、次に動画共有サービス（25%）が続いた。

韓国では1位と2位は日本と同様だったが、3位は動画共有サービス（53%）だった。

米国ではテレビ（67%）に続き、SNS（62%）が2位に入った。

日本では、新聞やテレビ局などの報道機関が取材・作成したネットニュースを情報源にする傾向が顕著だ。米国や韓国ではSNSや動画共有サービスといったネットでのサービスを情報源にしている人が多いことが浮かんだ。

情報を得る11媒体の信頼度について聞き、6点（非常に信頼している）〜1点（まったく信頼していない）に点数化した。日本では新聞が4・02でトップで、米韓はテレビが首位だった。

日本では2位ラジオ（3・85）、3位テレビ（3・84）と続き、SNSと動画共有サービスは9位の2・90だった。新聞は米国では2位（4・08）で、韓国ではラジオに次いで3位（3・95）となった。

信頼度の点数を国別にみると、日本は全体的に評点が低く、ニュースなどの情報を懐疑的にみる傾向が浮き彫りになった。

賛否割れる生成AI

進化を続ける生成AIをどう捉えているかも尋ねた。日米では肯定的・否定的な評価が伯仲《はくちゅう》していた。韓国では「良い影響」と答えた人が半数以上を占めた。

日本では「良い影響」30％、「悪い影響」26％だった。米国ではそれぞれ39％と37％。これに対して韓国では「良い」52％で、「悪い」23％となった。

日本では「どちらともいえない」が44％に上り、慎重に考えている人が多かった。

生成ＡＩが与える悪影響について、どう考えているか具体的に聞いたところ、日本では「なりすましや詐欺などの犯罪」を挙げた人が62％で最多だった。「思考力の低下」（49％）、「偽・誤情報による世論操作」（44％）と続いた。

米国では「世論操作」（50％）、「芸術的な文化が脅かされる」（40％）などが目立った。

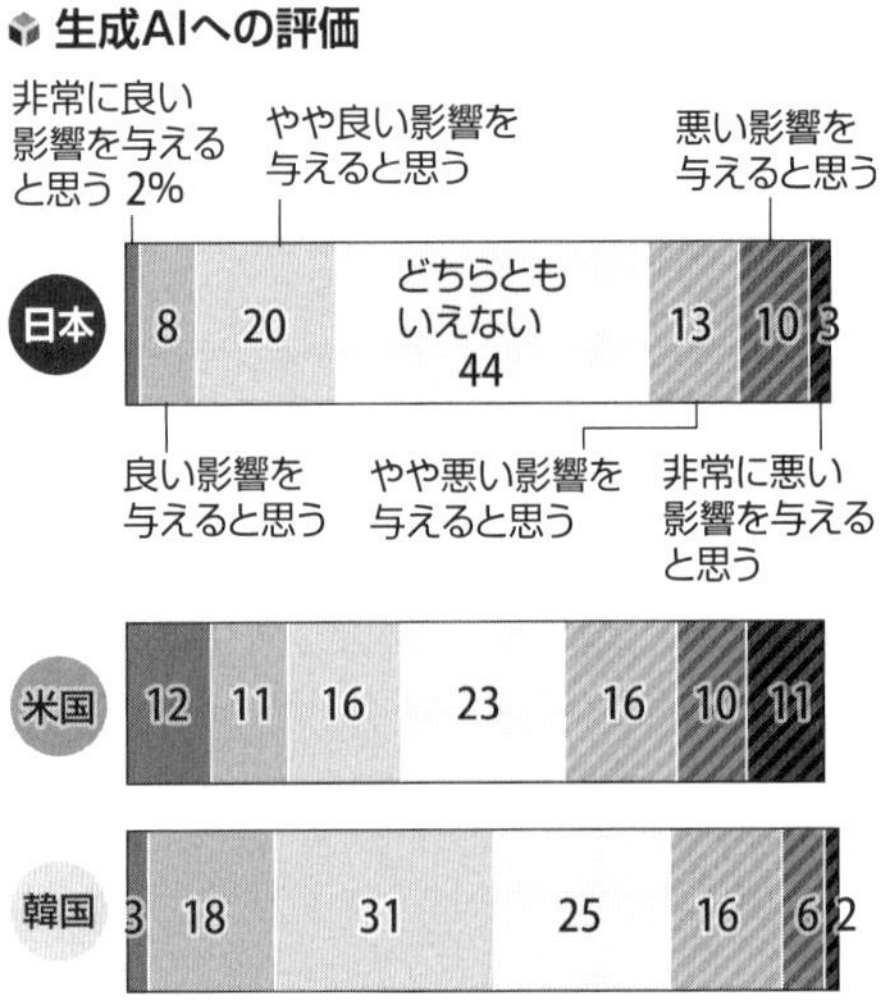

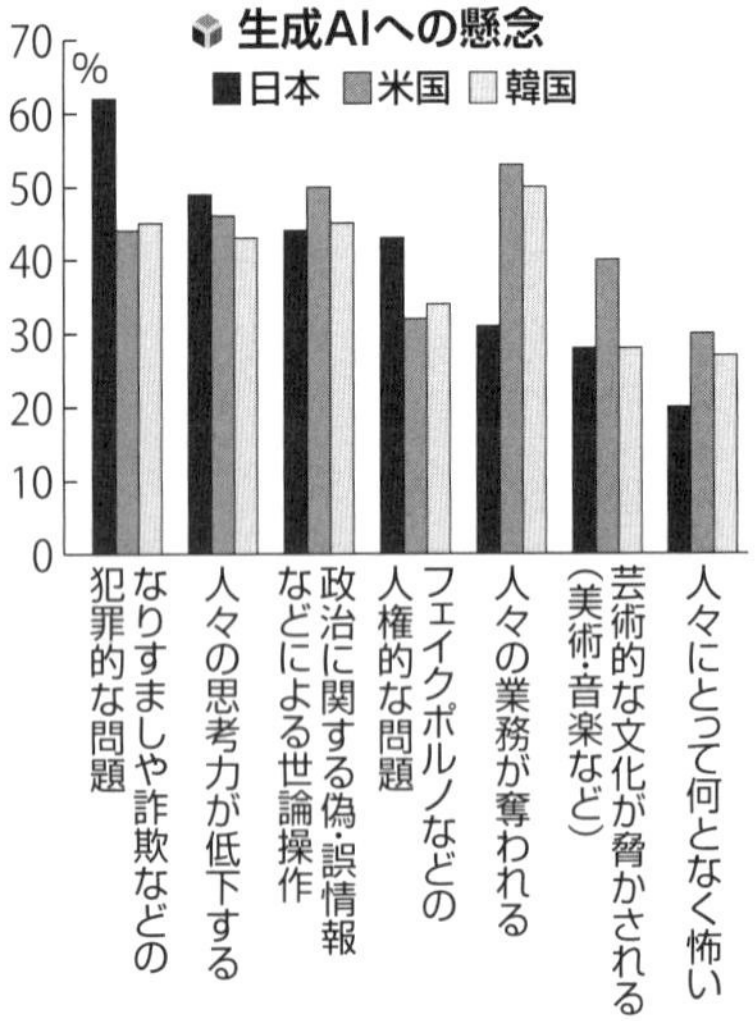

韓国では世論操作や犯罪、思考力低下を挙げる人が多かった。

「人々の業務が奪われる」は米国では53％、韓国でも50％に上ったが、日本では31％と低かった。米韓の方が雇用に与える影響を懸念している傾向が浮き彫りになった。

ＡＩで生成されたものを見分けられるか質問したところ、日本で「自信がある」と答えたのは、「映像」（９％）、「文章」（12％）、「音声」（16％）といずれも低かった。

一方で「良い影響」について聞いたところ、日韓の１位は「作業を代替させコスト削減につながる」（日本55％、韓国47％）。米国は「代替させることで、人々が革新的な内容の業務に集中できる」（35％）だった。

日本の弱点

日本、米国、韓国の３か国調査を読売新聞と共同して行った国際大学の山口真一准教授に、日本のデジタル空間の現状を分析してもらった。

国際比較調査で、日本の弱点が明らかになった。情報やニュースにどう接しているかをみると、日本は受け取った情報を別のソースで確認する検証行動をとることが少ない。デジタル空間を特徴付ける「アテンション・エコノミー」などの概念を理解している割合も低かった。

偽情報を示して真偽を判断する設問では、日本は「正しい」と信じていたのが37%、「わからない」が35%だった。自ら情報を確かめず、受動的に漫然と過ごしている層が多いと解釈せざるを得ない。

日本は中立で信頼できるマスメディアから受動的に情報を得る時代が長く続き、その意識のまま玉石混交のデジタル空間で情報を摂取するようになったことが一因と考えられる。

米韓では「情報は何らかの意図を持って発信される」と考える傾向がある。日本より、政治的な分断が進んでいるからだろう。日本でも今後は生成AI（人工知能）の発展で、偽情報が選挙に影響を与える可能性があり、混乱を招きかねない。

傾向が判明したことで、対策を講じる際、どこに力点を置けば良いか見えてきた。それは、デジタル空間の成り立ちについての教育の充実だ。ファクトチェックの強化や、AIが作ったコンテンツの表示義務化なども欠かせない。

AIが社会に与える影響に関しては、韓国は肯定的な人が多かった。IT産業で発展してきた国だからだ。米国では肯定派と否定派が拮抗《きっこう》している。現実にAIで職を失う事例がすでに起きている一方、生産性が向上していることもあり、評価が二分したのではないか。

これに対して日本は「どちらともいえない」が44%を占めた。AIに関する法律の議論も欧米に比べて進んでおらず、現実の「遅れ」が評価に反映したといえる。

メディア別の信頼度を調べると、日本で新聞やテレビなど伝統的メディアは、丁寧に取材して真偽を見分けて報道しているため、信用されていた。ただ、どのような取材をしているか知らない人も少なくなく、それが一部の情報消費者の不信感にもつながっている。丹念に取材している様子を伝えることが、信頼を保つ一助になるのではないか。それがひいてはデジタル空間の健全化へとつながっていくだろう。

〈調査で尋ねた偽情報の例〉

【日本】

▽民主党政権時代は世界と国交断絶状態であり、特にASEAN諸国との外交が空白となっていた

▽安倍晋三元首相の国葬をめぐる反対デモの参加者数は、日本野鳥の会のカウントで

は307人だった
▽岸田政権が奨学金・失業手当に課税すると発表した
▽サウナで心臓停止が相次ぎ、年間1万7000人が死亡している
▽WHO（世界保健機関）がコロナワクチン接種勧告を修正し、「健康な子どもは必要なし」とされた
▽人間はコオロギを消化する酵素を持たないため、常食したら体がおかしくなる
▽米疾病予防管理センター（CDC）が、新型コロナウイルスに対してはワクチンよりも自然免疫の方が効果があることを認めた
▽流行が懸念されていた「サル痘」は「帯状疱疹」と同じ病気
▽電子レンジは食べ物の栄養を破壊、発がん物質を発生させるため危険

【米国】

▽暴力的なトランプ支持者がニューヨークの法廷を襲撃した
▽共和党のミズーリ州上院議員が火炎放射器を使って本を燃やした
▽COVID−19ワクチンには、政府追跡用のマイクロチップが含まれている

【韓国】

▽マスク着用が死産やその他の健康問題のリスクを高める

▽文在寅《ムンジェイン》政権は、韓国を世界で最も食費の高い国にした
▽THAAD（終末高高度防衛ミサイル）の電磁波は人体に致命的な影響を与える
▽コロナワクチンには寄生虫がいる
▽世界中でのサル痘の蔓延《まんえん》は計画された陰謀である。計画によると最大3億人が死亡する

※調査後、回答者には偽情報であることを説明し、拡散しないように求めた。

〈調査の概要〉

「情報的健康」に関する国際比較調査は、読売新聞と山口准教授が質問する項目を作成し、2023年12月中旬、日本、米国、韓国の3か国で、15～69歳のインターネットやSNS利用者に対して実施した。調査会社「マイボイスコム」（東京）に業務委託し、ウェブアンケート形式で行った。

対象者の居住地は各国とも都市部と地方部の双方で、回答者は1000人ずつの計3000人。分析は主に山口准教授が担当した。

小数点以下は四捨五入。グラフの数値は合計が100％にならないことがある。

おわりに

「現代日本人が1日に触れる情報量は、『平安時代の一生分』であり、『江戸時代の1年分』である」――。インターネット上で流布されている見解である。

平安時代、江戸時代の情報量をどう算出するのか定かではない。ただ、総務省の「我が国のインターネットにおけるトラヒックの集計・試算」によると、この20年間だけでもデータ通信量は約100倍に増えている。私たちを取り巻く情報量が加速度的に増加しているのは確かだ。

通信量が増えているのは、ネットワーク上でやり取りされるデータが、それまでのテキストファイルから画像、動画と移り変わり、しかも高画質化が進んでファイルのサイズそのものが大きくなったことがある。

ただ、やはり影響が大きいのは、2010年以後、スマートフォンが爆発的に普及したことがあるだろう。データをアップロード、ダウンロードできる端末が増え、SNSも発展したことにより、やり取りされるファイルの総数は飛躍的に増加した。そして今後もさらに増大し続けるのは間違いない。

こうした環境を整えたのは言うまでもなく、１９９０年代後半から一般にも普及し始めたインターネットである。２０００年代後半、情報の流れが双方向となるウェブ２・０が登場すると、誰もがブログやＳＮＳなどのソーシャルメディアで情報を発信できるようになった。

インターネットの普及によって期待されたのは、「集合知」の出現だった。見ず知らずの他人同士がインターネットを介して繋がり、知恵を出し合って新しい知識・知恵を構築する。あるいは、一部の権力者、専門家が保有していた情報・知識が一般の人々にもあまねく共有され、「知の民主化」が進む——。インターネットがもたらす社会は明るい、はずだった。

しかし、新しいテクノロジーは、強い「副作用」をもたらしている。

匿名性が高く、簡単に発信できることから、ＳＮＳ上には個人に対する誹謗中傷、名誉やプライバシーの侵害、特定の人種や国籍の人々を排斥するヘイトスピーチなどが蔓延し、深く傷つき、思い悩む人は後を絶たない。亡くなる方もいる。

ビジネス面においても、情報を閲覧してもらって広告収入を得るには、インターネット利用者の関心を奪う必要があるとの考えが支配的となり、送り出す情報はより過激になっている。

また、スマートフォンに依存するようになると、自分の関心のある情報のみに取り囲まれる「フィルターバブル」、自分と似た興味関心を持つ人とだけ繋がり、同じような意見や価値観にばかり触れてしまう「エコーチェンバー」といった現象が起きやすくなる。その結果、偽情報、誤情報を正しいと信じ込み、異なる意見を一切受け入れなくなる。これがエスカレートすると、社会の分断が進む。

これらの問題が、司法や教育、医療の現場などにどんな影響をもたらしているのか。そうした問題意識から、読売新聞社では２０２３年2月、「情報偏食　ゆがむ認知」とのタイトルで連載を始めた。取材にあたっては、インターネットやＳＮＳに惑わされ、傷つき、または傷つけた当事者に直接話を聞き、最大限、実名で報道することを心掛けた。当事者目線での切り口、語り口がよかったのかもしれない。読者から様々な反応や意見があり、連載は断続的に24年3月まで、第6部にわたって読売新聞に掲載された。本書は、この連載を基に、記者が改めて取材を行い、インターネット上の情報空間を巡る最新情報を盛り込むなどしたものである。

取材、執筆にあたったのは、読売新聞東京本社社会部の小泉朋子、鈴木貴暁、福元理央、スタッブ・シンシア由美子、教育部の宇田和幸らである。テーマに応じて国際部、科学部の記者も加わり、全体を高沢剛史、門間順平、稲垣信がまとめた。企画に携わった記者は24人に上る。

ある記者は、ＳＮＳに勧められるまま市販薬の過剰摂取（オーバードーズ）にのめり込んだ女子大生の元に何度も足を運び、信頼関係を築いた。日記を見せてもらいながら、当時の苦しい思いや後悔の念を語ってもらった。

別の記者は、炎上動画のアップに熱中するうちにチャンネルを停止された人気ユーチューバーに取材した。取材を受ける様子を動画配信したいとの申し出に、転んでもただでは起きないしたたかさを感じた。

ＳＮＳ上に投稿された能登半島地震を巡る偽情報を追いかけ、パキスタンの男性が発信したことを突き止めた記者もいる。渡航して取材した男性が、偽情報を流し続ける様子を屈託なく説明することに驚いた。

そして、連載が進むのと平仄《ひょうそく》を合わせるように、情報空間に相当なインパクトを与える新テクノロジーが出現した。生成ＡＩ（人工知能）である。事前に大量のデータを学習することで、ユーザーの指示に従って画像、音声、動画などのコンテンツをたちどころに作成する。

生成ＡＩのさらなる進化・普及により、生産性の飛躍的な向上が期待される一方、フェイクニュースや誹謗中傷の量産といった悪用が危惧される。

連載取材班の一人は、安倍元首相の偽動画がSNS上に出回っているのを見つけて作成者に取材し、元首相への憎悪を募らせ追悼行事の妨害にまで及んでいたことを報じた。生成AIが作り出す動画や音声がさらに精巧になれば、世論を操作することもそう難しいことではないかもしれない。

気がかりは絶えない。24年11月の兵庫県知事選では、陰謀論など候補者に関する不確かな情報がSNSで蔓延したことが、民意を左右したと言われている。分断の萌芽は、この日本でも生まれている。虚実ないまぜの情報が情報空間にあふれ出す中、私たちはインターネット、SNS、そしてAIにどう向き合い、何を信じればよいのか。

技術が進化した先に訪れる社会は、ユートピア（理想郷）か、それともディストピア（暗黒世界）か。記者は今後も取材を尽くし、報道していくつもりだ。

本書の出版にあたっては、中央公論新社の山田有紀氏に多大な支援をいただいた。改めて感謝を申し上げたい。

２０２５年2月

読売新聞東京本社社会部長　竹原　興

装幀　日下充典

生成《せいせい》ＡＩの脅威《きょうい》
——情報偏食《じょうほうへんしょく》でゆがむ認知《にんち》

2025年２月25日　初版発行

著　者　読売新聞《よみうりしんぶん》「情報偏食《じょうほうへんしょく》」取材班《しゅざいはん》
発行者　安 部 順 一
発行所　中央公論新社
〒100-8152　東京都千代田区大手町1-7-1
電話　販売 03-5299-1730　編集 03-5299-1740
URL　https://www.chuko.co.jp/

ＤＴＰ　今井明子
印　刷　ＴＯＰＰＡＮクロレ
製　本　大口製本印刷

©2025 The Yomiuri Shimbun
Published by CHUOKORON-SHINSHA, INC.
Printed in Japan　ISBN978-4-12-005888-2　C0036
定価はカバーに表示してあります。
落丁本・乱丁本はお手数ですが小社販売部宛にお送りください。
送料小社負担にてお取り替えいたします。

●本書の無断複製（コピー）は著作権法上での例外を除き禁じられています。
また、代行業者等に依頼してスキャンやデジタル化を行うことは、たとえ
個人や家庭内の利用を目的とする場合でも著作権法違反です。